《走向2049的国家发展战略研究》丛书

国家出版基金项目
NATIONAL PUBLICATION FOUNDATION

创新作为经济发展第一动力的战略研究
从"十三五"到2049

张茉楠 许元荣 张影强 张瑾 著

CHUANGXIN ZUOWEI JINGJIFAZHAN
DIYIDONGLI DE ZHANLUEYANJIU
CONG "SHISANWU" DAO 2049

企业管理出版社
ENTERPRISE MANAGEMENT PUBLISHING HOUSE

图书在版编目（CIP）数据

创新作为经济发展第一动力的战略研究：从"十三五"到2049 / 张茉楠等著. —北京：企业管理出版社，2019.5

（走向2049的国家发展战略研究 / 洪崎，贾康，黄剑辉主编）

ISBN 978-7-5164-1951-9

Ⅰ.①创… Ⅱ.①张… Ⅲ.①经济发展战略—研究—中国 Ⅳ.①F120.4

中国版本图书馆CIP数据核字（2019）第081251号

书　　名	创新作为经济发展第一动力的战略研究：从"十三五"到2049
作　　者	张茉楠　许元荣　张影强　张　瑾
责任编辑	聂无逸　张　羿　郑　亮
书　　号	ISBN 978-7-5164-1951-9
出版发行	企业管理出版社
地　　址	北京市海淀区紫竹院南路17号　邮编：100048
网　　址	http://www.emph.cn
电　　话	编辑部（010）68701638　发行部（010）68701816
电子信箱	qyglcbs@emph.cn
印　　刷	北京环球画中画印刷有限公司
经　　销	新华书店
规　　格	170毫米×240毫米　16开本　14印张　218千字
版　　次	2019年5月第1版　2019年5月第1次印刷
定　　价	88.00元

版权所有　翻印必究·印装错误　负责调换

《走向2049的国家发展战略研究》丛书

丛书顾问

刘明康　刘世锦

丛书编委会
主编

洪　崎　贾　康　黄剑辉

编委（按姓氏笔画为序）

王　庆	王　诚	王广宇	白重恩	冯俏彬	刘　薇	许元荣
李　波	李万寿	宋　泓	张　瑾	张茉楠	张影强	金海年
洪　崎	姚余栋	姚枝仲	贾　康	夏　斌	徐以升	黄　锟
盛　磊	黄剑辉	董克用	管益忻	樊　纲	樊继达	魏　杰

《走向2049的国家发展战略研究》丛书

序

新供给经济学推进研究创新,是回应时代诉求和挑战的自觉努力行为。在创始初期,新供给研究团队就特别强调,不是为创新而创新,在世界金融危机冲击之下,主流经济学总体上必须进行反思,而反思应该有理性的高水平创新;在现实生活方面,在和平发展对接伟大民族复兴和现代化中国梦的关键时期,我们必须在转轨期间得到理论之光的烛照引领,要把理论密切联系实际取向下,新供给群体形成的"融汇古今、贯通中西"的现实努力,对接到我们站在前人肩膀上的研究成果之上,集大成式地推进锐意创新,促进理性认识升华。这是研究者立身时代潮流当中的应有作为。

作为新供给经济学研究的重大研究项目,本丛书发布的面对中华人民共和国成立100周年的"中国2049战略"研究成果,反映了我们新供给经济学研究团队创立初期就确立的、在研究中必须明确"五年规划与四十年规划并重"的基本考虑,以引出制定基于全球视野的国家中长期发展战略,以及在前所未有的长期概念之下超越30年眼界并对接到实现"中国梦"时间段的综合发展战略。

新供给研究群体内的,以及帮助、支持新供给研究的专家,在国内研究界具有很大影响力。2014—2017年历经四年,大家共同致力于这项课题的研究:短中期而言,该研究形成的认识和成果正在对接即将具体化的"十三五"规划以及2020年既定的全面小康目标的实现;长期而言,该研究要对接伟大民族复兴和现代化中国梦。中国正处于和平发展、和平崛起的关键时期,从现在到2020年,除了全面小康目标的实现以外，攻坚克难的改革必须力争按中央要求取得决定性成果，同时还必须实现全面的法治化与全面的从严治党。在经济转轨过程中，对攻坚克难的复杂性和任务艰巨性已具共识的前提下，面对这一必经过程，我们更应努力提供理论供给的有力支持。

就目前学界相关研究现状来看，国内尚无30年以上大跨度的系统化专业课题和专项研究，国外30年以上视界的国家战略规划研究也极鲜见。然而，我们已经从一系列值得称道的长期研究框架中得到重要启示，比如中国辛亥革命以后孙中山先生就通盘考虑过的"建国方略""建国大纲"，又比如"二战"后一些欧洲有远见的政治家注重考虑、最后引到现实生活、目前在整个世界格局里非常有影响力的欧洲货币联盟。中国改革开放的过程中，可以越来越清晰地看到，我们实际上就是按照邓小平70年眼界"三步走"的伟大战略构想，在一步步地往前运行。这些都给了我们非常宝贵的启示和激励。鉴于此，我们更应力求做好这一在具体形态上有首次特征的、超越30年眼界的规划性战略研究。

新供给经济学研究团队的长期发展战略研究，以具有优化顶层规划、助益科学发展、形成促进国家现代化治理的有效供给功能为目标，怀揣国人一直以来就推崇的全面长远的心胸和眼界，在所谓"不谋全局者不足以谋一域，不谋万世者不足以谋一时"的共识下，充分认识当下"四个全面"新时期、走向"强起来"新时代迫切需要顶层规划与底层创业创新两个层面的良性互动，深知从规划视角考虑有效供给，绝不能坐等微观、局部试错过程。新供给2049战略研究，正是力图从学理和实证综合上支持顶层规划，同时注意服务于基层民间的创新创业。

从智力视角分析，我们高度认同"智库"的重要性。习近平总书记特别强调，智库关联着各个国家在国际合作和竞争中打造软实力的供给竞争。民间独立智库，也是华夏新供给经济学研究院的定位，具有现代社会竞争发展、合作、供给进程中一定的不可替代性。新供给经济学相关研究的导向，既不是"官场规则"，也不是"反对派规则"，而是具有独立、公正、专业的学术严谨性诉求，把握创新中的规范性，努力形成全面、深刻、务实的导向，以战略高度上的洞察力对接具备建设性、策略性、可操作性的研究成果。

新供给 2049 的战略研究，致力于服务党的十八大、十九大提出的方针和战略部署的实施，以长期、超长期的视角，支持从当下到中长期、大纵深的科学决策，进一步聚焦进入中等收入、中高收入阶段的最关键时期，一直联通至前瞻中华人民共和国成立 100 周年。中国目前面临如何跨越"中等收入陷阱""福利陷阱""转轨陷阱""塔西佗陷阱"等一系列历史性的综合考验。"中等收入陷阱"概念在当下讨论中已引起轩然大波，虽然这个概念本身有其边界量化的一定"模糊性"，但我们还是愿意强调：基于全球范围内的统计现象与中国发展中的矛盾凸显来判断，这是一个无可回避的"真问题"，而且对于"中国梦"来说是顶级性质的"真问题"。"中国 2049 战略"研究成果，愿与各方交流、互动，以期产生启发、促进功能和决策参考作用，催化全盘思维、工作要领和重点方案的合理优化，由此联系和助益天下苍生、民生社稷、国家前途、民族命运及世界未来。

面对时代的客观需要，新供给经济学研究群体作为有担当、有社会责任感的中国知识分子和研究者，志在把握"天下家国"情怀具象化的时代定位，为党的十九大提出的"全面建成小康社会，夺取新时代中国特色社会主义伟大胜利，实现中华民族伟大复兴"宏伟目标，做出应有贡献。

洪崎 贾康

2018 年春

《走向2049的国家发展战略研究》丛书

前言

从当下展望2049年，还有30余年的时间。2049年已经被历史赋予了特殊的意义，这个中华人民共和国成立100周年的时点，也将是中国改革开放战略决策的总设计师邓小平当年所规划的以约70年的时间段（1980—2050年）经过"三步走"实现中华民族伟大复兴——习近平总书记生动表述的"中国梦"梦想成真的"除夕之夜"，是自工业革命落伍、落后的这个文明古国，终于凤凰涅槃般浴火重生、和平崛起的见证之年。

从"十三五"前瞻到2049年，做国家发展战略的系列化研究，是我们研究群体于"十三五"开局之前的自觉选择。经过骨干成员反复研讨，形成了一个主报告和十余个专题报告的通盘设计。在全体研究者的高度重视、共同努力下，终于在2016年年底使文稿初具规模，又经过几轮补充完善、反复修改打磨，最终将全部成果合成丛书，付梓奉献给读者。

面向2049年的国家长期发展战略研究，具有不寻常的背景：

一是伟大民族复兴愿景的召唤。中国这一人类历史上唯一古老文明没有中断的多民族大国，自以1840年鸦片战争为标志拉开近现代史帷幕后，曾一路积贫积弱，内忧外患，经甲午海战惨败、戊戌变法夭折之后，在20世纪陆续展开辛亥革命推翻两千年帝制，1949年成立中华人民共和国以及1978年后实行改革开放三件大事，终于在"千年之交"之后，站在现代化前两步目标提前实现的新的历史起点上，继续大踏步地跟上时代，一直推进到2012年中国共产党的第十八次全国代表大会开启经济、政治、社会、文化、生态"五位一体"全面布局的发展新阶段，经济总量已经跃升为全球第二位，并有望在未来不太长的历史时期之内上行至世界第一。2017年党的十九大，进一步指出了在"强起来"历史新时代，新的"两步走"现代化奋斗目标：如能在人均国民收入提高进程中成功跨越"中等收入陷阱"，并继续提升硬实力、软实力而和平崛起，就将于2035年基本建成社会主义现代化，并把中国现代化的宏观蓝图在2049年的时点上作为竣工大成之品，以现代化强国之姿展现于世界民族之林——"我们从未如此接近伟大民族复兴的愿景"，这个愿景鼓舞和呼唤着我们以集体合作的方式，提供服务于"梦想成真"的战略思维和科研成果。

二是"行百里者半九十"艰巨任务的挑战。在改革开放之后成功地实现了超常规高速发展和经济起飞而进入中等收入经济体之后，中国的经济运行虽然在总体上仍然具有巨大的发展潜力、成长性和"黄金发展期"特征，但"矛盾凸显期"的特征接踵而来，各种制约因素的叠加，形成了自2011年以来告别了高速发展阶段并向必须认识、适应还要引领的"新常态"阶段转换，同时改革进入深水区，"好吃的肉吃光了，剩下的都是硬骨头"，必须攻坚克难冲破利益的藩篱，以实质性的国家治理现代化进程解放生产力，对冲下行压力，才能形成旧动能衰退后新动能的转换升级，使发展方式加快转变，使增长过程维护其可持续性与长远的后劲，避免落入世界上绝大多数经济体已有前车之鉴的"中等收入陷阱"覆辙，完成中国古语譬喻的"行百里者半九十"的现代化长征。未来30余年征程中的一系列艰巨的改革发展任务，形成了历史性的挑战和考验，为应对好这种挑战，经受住这种考验，必须有尽可能高水平的战略层面的系统化研究设计，对决策和相关政策的优化给予有力支撑。

三是以知识创新工程式的智力支持，助推冲破"历史三峡"的迫切要求。在党的十八大以来，最高决策层经三中、四中、五中和六中全会，将治国施政的核心理念和大政方针一步步清晰化的过程中，高度重视哲学社会科学的创新、中国特色社会主义政治经济学的发展和智库建议，继现代化国家治理、"四个全面"战略布局以及以创新发展引领协调、绿色、开放、发展而落实于共享发展的现代化发展理念得到清晰明确的表述之后，又提出了供给侧结构性改革的战略方针，认定供给侧是矛盾主要方面，而以有效制度供给纲举目张地要求将改革进行到底，冲破最终实现中国梦的"历史三峡",这客观地产生了对于"知识创新工程"式的智力支持的迫切需要,亟须以走向2049伟大民族复兴的长期视野、战略研究,助推中国经济社会的巨轮涉险滩、闯激流,克服一切艰难与风险,达于现代化的计日程功。

在此背景下,新供给智库"中国2049战略"研究成果出版发布的时代意义,便呼之欲出了。

第一,这一丛书系列反映的研究创新是回应时代诉求和现实生活挑战的自觉努力行为。智库的创始与工作,并不是为创新而创新,而首先是基于全球视野——在世界金融危机冲击之下,对主流经济学总体上的反思与创新势在必行,而反思中应该有对应于中国道路、中国方案的理性的高水平创新成果。在以和平发展对接伟大民族复兴和现代化中国梦的关键时期,我们必须在转轨中得到理论之光的烛照引领,把理论密切联系实际取向下新供给群体形成的"融汇古今、贯通中西"的共识对接我们经过努力"站在前人的肩膀上"的研究成果,集大成式地推进改革,促成发展升级,这是研究者立身时代潮流当中的应有作为。

第二,面对中华人民共和国成立100周年的"中国2049战略"研究成果,反映了我们早期就确立的新供给研究中必须明确地把"五年规划与四十年规划并重"的基本考量。努力实施研究而来的这项成果,要引出制定基于全球视野的国家中长期发展战略,这是在前所未有的长期概念之下,超越30年眼界,对接到实现中国梦时间段的发展战略,即从具体化的"十三五"规划,以及2020年既定的全面小康目标的实现,进一步延伸至伟大民族复兴和现代化中国梦的实现。中华民族正处在和平发展、和平崛起的关键时期,到2020年,中央要求除了全面小康目标的实现以外,攻坚克难的改革必须取得决定性成果,同时必须实现全面的法治化和全面的从严治党——攻坚克难的复杂性和任务的艰巨性,催促理论与智力供给的有力支持。虽然在国内还没有出现过30年以上时间跨度的类似课题的系统化专项研究,也没有检索到国外30年以上视界的国家战略规划研究,但是我们可以从一系列值得称道的研究框架中得到重要启示:比如中国辛亥革命前后孙中山先生就考虑过"建国方略""建国大纲";"二战"后一些欧洲有远见的政治家早已积极考虑,最后引到现实生活而在整个世界格局里产生重大影响力的欧洲货币同盟。在中国40年改革开放的过程中间，越来越清晰地看到，我们实际上就是按照邓小平的70年眼界"三步走"伟大战略构想，在一步步前行，这些都可以给智库的长期战略研究以非常宝贵的启示和激励。2017年党的十九大进一步做出了2035年基本实现社会主义现代化、到2049年前后把我国建设成为现代化强国的战略规划。正是基于这种认知，我们以极大的热情投入并完成了这一在具体形态上有首次特征、超越30年眼界的规划性战略研究。

第三，这项长期发展战略研究具有优化顶层规划、助益科学发展、促进国家现代化治理的有效供给功能。从规划视角分析，中国人一向推崇有全面、长远的心胸和眼界，研究者都认同这样一种取向，所谓"不谋全局者不足以谋一域，不谋万世者不足以谋一时"。在十八大迈向十九大的新时期和十九大后的新时代，迫切需要顶层设计与市场微观主体两个层面的良性互动。"中国2049战略"研究力求从学理和实证方面支持顶层规划，同时注重呼应基层民间的创新创业。从智力支持视角分析，我们高度认同"智库"的重要性。习近平总书记特别强调智库建设，这关联着各个国家在国际合作和竞争中打造软实力供给的竞争。民间独立智库，也是新供给经济学研究群体的定位，具有现代社会竞争发展、合作、供应进程中的不可替代性。我们研究中的导向既不是"官场规则"，也不是"反对派规则"，而是具有独立、公正、专业的学术严谨性，把握创新中的规范性，力求形成全面、深刻、务实的导向，以战略高度的洞察力对接具备建设性、策略性、可操作性的研究成果。

第四，新供给智库关于"中国2049战略"的研究是各方共同应对时代挑战和中国现代化决定性历史考验的一项认知、交流和催化的基础工作。从"十三五"规划时期始，"中国2049战略"研究具有"对应、涵盖但不限于"的特点，是把这些时点目标放在自己研究范围之内，再往前衔接，以长期、超前期的视角支持从当下到中长期的科学决策，聚焦进入中等收入阶段、中高收入阶段的最关键时期，是前瞻中华人民共和国成立百年而启动的系统工程式研究。我们内含的命题是如何应对"中等收入陷阱""福利陷阱""转轨陷阱""塔西佗陷阱"等一系列历史性的综合考验。"中等收入陷阱"概念屡屡引起争议，虽然这个概念本身有边界量化的"模糊性"，但是我们愿意强调，它是世界范围内的一种统计现象的比喻式表述，是无可回避的"真问题"，而且对于"中国梦"来说是顶级性质的"真问题"。研究的成果需要与各个方面交流和互动，以期待实现启发、促进功能和决策参考作用。我们愿以基础认识催化全盘思维、要领和重点方案的合理优化。各方面在启发、促进、交流的互动中，共同的努力也就关联了天下苍生、民生社稷、国家前途、民族命运及世界未来。

总之，我们从事这项研究、推出这套丛书的立场，确实是面对时代的客观需要，以智库研究成果与所有愿为中华民族伟大复兴做出贡献的人们互动，力求再接再厉，共同努力做好与"中国梦"相关联的研究和各项工作，以不负伟大的新时代。

贾 康

2018年春

目录

第一篇 理 论

第一章 创新作为经济发展第一动力的战略提出 / 003

第一节 创新作为经济发展第一动力战略命题的背景及提出 / 003

第二节 创新作为经济发展第一动力的现实要求与重大挑战 / 008

    一、新一轮产业科技变革给全球经济格局带来新挑战 / 008

    二、世界主要发达经济体抢夺创新战略制高点 / 012

    三、全球创新大国加大创新力度，竞争日趋激烈 / 012

    四、中国进入"新常态"时期面临经济发展全方位挑战 / 015

    五、作为国家竞争核心的制造业面临严峻压力与挑战 / 024

第二章 创新作为经济发展第一动力的理论基础 / 031

第一节 国际上关于创新理论研究的主要论述及借鉴 / 031

    一、马克思关于创新的理论 / 032

    二、熊彼特创新周期理论 / 032

    三、经济学中的创新学派 / 033

    四、波特国家发展阶段理论 / 037

    五、国家创新（系统）理论 / 038

    六、后发国家的相关创新理论 / 040

    七、全球正推动加快以创新为导向的国民经济核算改革 / 044

第二节　习近平关于创新理论战略思想的阐释及其战略重点 / 044

一、深刻把握创新驱动发展战略提出的时代背景 / 045

二、准确领会创新驱动发展战略的重大现实意义 / 046

三、扎实践行创新是引领发展第一动力的战略思想 / 048

四、坚定不移地走"中国特色自主创新道路" / 051

五、深入推进创新驱动发展战略须处理好的几个重大问题 / 054

第三节　新环境下对"创新"的再认识 / 056

第四节　新常态下供给侧结构性改革的核心在于创新 / 058

第三章　创新作为经济发展第一动力面临的主要问题 / 060

第一节　创新提高尚未真正有效地促进高质量经济增长 / 060

第二节　制造业创新不足制约我国制造业由大变强 / 062

第三节　创新作为经济发展第一动力的深层次结构性矛盾 / 064

一、国家政策层面：创新战略与国家创新政策体系滞后之间的矛盾 / 064

二、创新链层面：创新投入结构不平衡与创新产出效率低之间的矛盾 / 065

三、创新主体层面：企业主体创新动力不足，不同主体创新资源分布不平衡 / 067

四、产业创新层面：关键共性技术基础落后于战略性新兴产业技术突破之间的矛盾 / 071

五、技术创新层面：核心技术受制于人，突破先发国家核心技术垄断仍面临较大困局 / 072

六、市场环境层面：市场没有在创新驱动过程中真正发挥决定性资源配置作用 / 073

七、开放创新层面：全球创新网络环境开放性与高端创新资源难获得性之间的矛盾 / 074

八、制度机制创新层面：缺乏创新宏观管理体制与资源配置机制设计 / 075

九、创新人才层面：创新人才结构与创新产出效率之间的矛盾 / 077

第四章　创新作为经济发展第一动力的国际经验 / 079

第一节　主要创新大国积极推出创新促进经济增长的新战略 / 080

第二节　保持战略持续性和系统性，为下一代创新和经济持续增长做整体布局 / 081

第三节 统筹协调各类创新资源，高度重视国家创新体系的战略组织保障 / 083

第四节 围绕创新链，积极利用全球创新资源打造国家创新优势 / 087

 一、促进创新各部门合作与技术转移 / 087

 二、加快产业创新步伐 / 088

 三、建构有利于创新的经济生态环境 / 090

第五节 各国政府致力于打造创新"公私合作"的 PPP 新模式 / 091

第六节 以制度创新为重点，为科技创新和创新增长保驾护航 / 097

第七节 "以人为本"，全球主要发达国家和新兴国家加大科技创新人才争夺 / 098

 一、美国 / 098

 二、欧盟 / 099

 三、日本 / 099

 四、印度 / 100

第五章 创新作为经济发展第一动力的制度创新 / 101

第一节 加快形成从"旧三驾马车"到"新三驾马车"的动力转换 / 101

第二节 全面确立"创新立国"战略的顶层设计与组织保障 / 102

第三节 企业成为"主发动机"，形成大中小企业协同创新生态体系 / 103

 一、推动以企业为创新主体的市场化改革 / 103

 二、构建企业为主体的协同创新模式 / 104

 三、设立国家基础工业共性技术创新基金 / 104

 四、建设国家级创新工程中心，增强工业基础的创新能力 / 104

 五、推动大企业建立"双创"平台 / 105

 六、打造中小企业为主体的创新体系 / 106

第四节 积极打造全面创新制度保障体系与创新生态系统 / 107

 一、让市场在创新资源配置过程中发挥决定性作用 / 107

 二、建立创新产权化与创新资本化的法律框架 / 108

 三、关于创新供需管理的重大制度创新 / 109

 四、加快完善以 R&D 为重点的国民新经济核算体系 / 110

第五节 构建和完善多层次科技金融体系与政策工具供给 / 111

第六节　通过创新人力培育、流动等制度全面实施人才战略 / 112

一、创新人才培养制度 / 112

二、创新人才流动制度 / 112

三、积极创新海外人才引进制度 / 113

四、加快完善创新人才评价 / 薪酬制度 / 113

五、全面深化教育制度改革 / 113

六、大力深化科技体制改革 / 114

七、以人为本设计创新成果转化激励机制 / 115

第七节　构筑开放式创新体制机制　推动融入全球创新体系 / 115

第二篇　专　题

专题一　供给侧结构性改革的核心是实现创新增长 / 119

第一节　中国经济放缓的供给侧结构性因素 / 119

一、全要素生产率（TFP）对增长的贡献考察 / 120

二、资本投入对增长的贡献考察：边际递减制约投资增长 / 123

三、劳动力对经济增长的贡献考察：数量红利结束，质量红利到来 / 126

第二节　寻找中国经济的增长空间：释放创新潜力 / 130

专题二　创新作为经济发展第一动力的重点领域 / 136

第一节　新一代信息通信技术领域发展及其展望 / 136

第二节　新能源与可替代能源技术发展及其展望 / 142

第三节　下一代健康与生物技术发展及其展望 / 146

第四节　基础材料技术发展及其展望 / 148

第五节　生态环保技术发展及其展望 / 150

第六节　空间与海洋技术发展及其展望 / 152

专题三　加快构建中国开放式创新体系与路径选择政策建议 / 154

第一节　在海外展开科技布局可重视六种模式 / 154

第二节　学习借鉴全球开放式创新机构的运作模式 / 156

　　一、欧洲弗劳恩霍夫研究院的全球化布局值得借鉴 / 156

　　二、美国国家科学基金会（NSF）全球化布局值得借鉴 / 157

第三节　积极引导构建国际化产业联盟 / 158

第四节　大力吸引、培养和激励国际一流创新人才 / 159

第五节　建设世界一流工业研究院新体制新模式 / 160

第六节　全面强化与世界创新前沿领域对接 / 160

第七节　提升创新创业环境，打造一流创新型国家形象 / 162

专题四　全力打造全球创新的"深圳样本" / 163

第一节　"十三五"目标：深圳谋定成为全球创新策源地 / 163

第二节　深圳产业定位：追求全球引领式产业创新 / 167

　　一、新一代信息技术产业集群："深圳质量"国际化前沿 / 168

　　二、先进制造集群：基础与智能双脚迈进创新主战场 / 169

　　三、新材料、新能源产业集群：深圳加快向绿色创新转型 / 171

　　四、生命健康产业集群：打造科技、经济、民生最佳结合点 / 172

第三节　"深圳制造2025"：高端装备担当制造强国战略领军者 / 175

第四节　全球十大科创中心的实力比较 / 179

　　一、深圳创新成果增长态势强劲，多项指标位居全球前列 / 179

　　二、深圳创新焦点更加注重对接战略新兴产业 / 180

　　三、创新主体集中度高，本土企业占据主导地位 / 180

　　四、创新合作方面有待加强，知识流动效率至关重要 / 181

第五节　积极构建全球创新网络，推动创新全球化 / 182

　　一、构建"深港创新圈"，成为区域创新体系龙头 / 182

　　二、以"一带一路"为契机，将深圳建设为"21世纪海上丝绸之路"创新城市桥头堡 / 183

　　三、着力打造国际创客中心，为创业者搭建良好的生态系统 / 184

　　四、与世界核心创新城市合作，建设创新全球化合作"直通车" / 185

第六节　深圳以"人才特区"支撑创新高地 / 185

　　一、多措并举建设人才特区，聚合全球创新资源为我所用 / 186

二、"高层次专业人才 1+6"计划，发力人才战略 / 186

三、实施"孔雀计划"，吸引海外高端人才聚集深圳 / 187

四、内源式人才培养同步推进，为创新崛起提供源头活水 / 189

专题五　积极发挥大企业在推进"双创"中的作用 / 191

第一节　我国大企业渐成"双创"的重要力量 / 191

一、大企业"双创"模式层出，影响重大 / 191

二、大企业"双创"平台优势突出，成效显著 / 192

第二节　大企业"双创"仍面临困难和挑战 / 193

一、认识存在偏差 / 193

二、创客主体来源不足 / 194

三、重点领域存在短板 / 194

四、政策体系不完备 / 194

第三节　深入推进大企业"双创"的对策建议 / 195

一、突出大企业的关键角色和引领作用 / 195

二、吸引汇聚重要创客群体 / 196

三、推出重点领域大企业"双创"的支持措施 / 196

四、完善大企业"双创"政策体系 / 197

参考文献 / 198

第一篇 理 论

第一章
创新作为经济发展第一动力的战略提出

"创新是引领发展的第一动力"是习近平总书记提出的一个重大论断,是对创新与发展关系的新认识,是创新驱动经济发展的重大理论突破。创新被普遍认为是突破经济增长瓶颈与极限,支持内生、可持续发展的核心。国际金融危机之后,创新开始成为全球经济重回增长轨道,应对结构性挑战,推动产业革命的重大举措。对于中国而言,创新更是关乎国家前途命运的一场全面而深刻的历史变革。

第一节 创新作为经济发展第一动力战略命题的背景及提出

20世纪以来,全球经历的两次大的经济危机把经济增长的节奏打乱了,金融资本与虚拟资本形成了对创新的"挤压"和"阻碍",曾经作为全球创新大国的美国在科技研发上的投入,以及高技术产业在整个国民经济的比重都在持续下降。因此,随着新工业革命的到来,如何通过新科技创造新增长,推动全球经济实现新一轮结构性调整,将决定如何让世界经济走上可持续增长的道路。2008年国际金融危机以来,包括中国经济在内的全球经济正在经历着前所未有的重构和重组过程,各国竞争格局和未来潜在增长前景取决于向以技术进步或创新为主的增长模式转型的程度和速度。

回顾创新战略思想的形成与发展可以看出，历代领导人的创新思想都是一脉相承的。从毛泽东以技术革命、科研方针、科技发展原则、科技创新人才、科技创新策略为主要内容的科学创新思想的提出，到邓小平"科技是第一生产力"著名论断和战略的提出，到江泽民指出"创新是一个民族进步的灵魂，创新也是国家兴旺发达的不竭动力"，到胡锦涛在对建设创新型国家、构建国家创新体系、促进文化创新和实施创新驱动战略等一系列重大问题的认识上形成的科技创新观点，再到习近平提出"坚持创新发展，必须把创新摆在国家发展全局的核心位置，不断推进理论创新、制度创新、科技创新、文化创新等各方面创新，将创新作为经济发展第一动力"，可以说将创新发展提到了一个新的历史高度。

因此，当前更需要历史地、全面地、系统地理解"创新作为经济发展第一动力"这一战略命题。创新驱动不仅仅是要素动力转换问题，更是一个制度变革的大趋势。把创新作为发展第一动力的课题研究，破解长期以来制约中国创新动力不足的深层次矛盾问题；挖掘创新发展的产业基础和动力源泉；深入分析全球创新资源流动新动向、新趋势，对外部创新资源的获取和整合，在更大的范围和更深的程度上利用全球创新资源；比较国际创新战略发展的有益经验，进而提出创新第一发展动力的框架体系与政策体系，将具有重大的战略意义和现实价值。

改革开放以来，中国的发展经历了 30 多年的高速增长期，这期间也十分重视创新发展，提出和实施了一些鼓励创新的政策措施，并对经济高速发展发挥了不可磨灭的作用。但在市场不均衡发展的情况下，创新潜力和积极性没有得到有效利用，企业往往更多依靠要素和投资的双重驱动。随着人口红利的消退、自然环境的恶化与资本积累的减速，低成本的要素驱动与大规模的投资驱动难以为继。中国在新的发展阶段，在新常态下，创新驱动成为备受关注的新型驱动力，实施创新驱动发展战略成为推进经济发展方式转变和经济结构调整的重要路径。而创新驱动发展战略的核心就是科技创新，2012 年 11 月，党的十八大全面科学地总结了我国社会主义现代化建设的历史经验，明确提出"科技创新是提高社会生产力和综合国力的战略支撑，必须摆在国家发展全局的核心位置"。2013 年 5 月 14 日，习近平总书记在天津视察工作时指出，"科技创新是提高社会生产力和综合国力的战略支撑，必须摆在国家发展全局的核心位置"。2015 年 3 月 5 日，习近平总书记在参加十二届全国人大三次会议上海代表团审议时强调"创新是引领发展的第一动力"。在 2016 年 5 月 30 日召开的全国科技创新大会上，习近平主席提出，新时期、新形势、新任务要求我们在科技创新方面有新理念、新设计、新战略；必须坚持中国特色自主创新道路，加快各领域科技创新；到 2020 年使中国进入创新型国家行列，到 2030 年使中国进入创新型国家前列。

从战略布局上，党的十八大报告明确提出要实施"创新驱动"发展战略，到 2020 年我国进入创新型国家行列的战略目标。2015 年 3 月颁布的《中共中央国务院关于深化体制机制改革加快实施创新驱动发展战略的若干意见》(以下简称《意见》)，把科技创新摆在国家发展全局的核心位置，并着力于全面创新的突破和有序推进，统筹科技体制改革和经济体制改革的创新，确定实施创新驱动发展的"四个坚持"策略，即坚持需求导向、人才为先、遵循规律、全面创新，明确了统一的目标体系，即建成创新型国家。

根据总目标和《意见》的要求，"十三五"期间，深化体制机制改革，加快实施创新驱动发展战略的主要目标是：到 2020 年，基本形成适应创新驱动发展要求的制度环境和政策法律体系，为进入创新型国家行列提供有力保障。人才、资本、技术、知识自由流动，企业、科研院所、高等学校协同创新，创新活力竞相迸发，创新成果得到充分保护，创新价值得到更大体现，创新资源配置效率大幅提高，创新人才合理分享创新收益，使创新驱动发展战略真正落地，进而打造促进经济增长和就业创业的新引擎，构筑参与国际竞争合作的新优势，推动形成可持续发展的新格局，促进经济发展方式的转变。

《意见》的公布代表着创新驱动战略顶层设计框架和机制的初步形成。根据《意见》，政府将从八大方面、30 个构成层面着力，促进创新驱动发展战略各项成果和措施的落地。其中，八大方面主要是指以下内容：第一，营造激励创新的公平竞争环境，以公平保障科学；第二，建立技术创新市场导向机制，以市场促进应用；第三，强化金融创新的功能，以金融服务应用；第四，完善成果转化激励政策，以转化促进产业发展；第五，构建更加高效的科研体系，以体系整合创新资源；第六，创新培养、用好和吸引人才机制，以人才巩固创新的基础；第七，推动形成深度融合的开放创新局面，以开放促进创新的效力提升；第八，加强创新政策统筹协调，以更加完善的政策体系保障创新成果的应用与发展。关键的着力点是使市场在资源配置中起决定性作用和更好发挥政府作用。此外，还应着力破除制约创新的思想障碍和制度限制，统筹力量，激发全社会创新活力和创造潜能。

已经出台的《"十三五"国家科技创新规划》（以下简称《规划》）又进一步明确提出坚持创新是引领发展的第一动力，强调全面深化科技体制改革，大力推进以科技创新为核心的全面创新，突出体现了改革驱动创新、创新驱动发展的鲜明特征。《规划》围绕建设高效协同的国家创新体系，从创新主体、创新基地、创新空间、创新网络、创新治理、创新环境六大方面提出总体要求，并着力加大重点改革举措的实施力度，在"深化推进科技管理体制改革""强化企业创新主体地位""建立高效研发组织体系""完善科技成果转移转化机制"和"健全军民深度融合创新机制"等方面提出一系列具体的改革政策措施。特别是提出在继续组织实施好已有16个国家重大科技专项的基础上，面向2030年再部署15个体现国家战略意图的重大科技项目和重大工程，形成远近结合、梯次接续的整体布局，探索社会主义市场经济条件下科技创新的新型举国体制，打造我国非对称性"杀手锏"，抢占未来制高点，增强经济发展后劲，为新形势下更好发挥创新的"第一动力"作用指明了方向。党的十八届五中全会更是进一步提出了创新、协调、绿色、开放和共享五大发展理念，把创新放在整个发展全局的核心位置，并通过创新实现新的效率提升和资源整合空间，从而将创新驱动作为国民经济发展新动力的核心源泉。改革开放以来我国科技创新相关的法律简表如表1-1所示。

表1-1 改革开放以来我国科技创新相关的法律简表

序号	颁布时间	法律名称	颁布部门
1	1988年12月	《中华人民共和国标准化法》	全国人大常委会
2	1993年9月	《中华人民共和国反不当竞争法》	全国人大常委会
3	2000年7月	《中华人民共和国产品质量法（修正）》	全国人大常委会
4	2002年6月	《中华人民共和国中小企业促进法》	全国人大常委会
5	2007年12月	《中华人民共和国科学技术进步法（修正）》	全国人大常委会
6	2008年12月	《中华人民共和国专利法（修正）》	全国人大常委会
7	2013年8月	《中华人民共和国商标法（修正）》	全国人大常委会
8	2015年8月	《中华人民共和国促进科技成果转化法（修正）》	全国人大常委会

资料来源：科技部、全国人大常委会。

经过多年创新发展，我国在若干科技领域成果水平达到国际领先水平，包括受控热核聚变实验装置、基因测序、基于互联网协议第六版（IPV6）的下一代互联网关键技术与实验网等。在载人航天、"北斗"导航卫星、第四代移动通信（4G）、特高压输变电、第三代核电站等领域，中国的科技及工程建设能力已达到世界先进水平。涌现出全球领先的创新型企业，例如，华为几年来R&D支出占营业收入的比重一直保持在10%以上，2015年达380亿元，从而使该公司在4G核心技术、系统设备能力等领域居世界首位。

然而总体看来，科技成果的数量虽然增长很快，但缺乏真正有意义的创新。虽然对中国创新能力高低有不同的评价，但我国存在创新悖论也是不容忽视的事实。越接近科技前沿，就越需要改变制度，因为那些可以促进资源重新配置，甚至为其提供便利的制度，并不能帮助国家转向技术创新，转向创造新产品、新流程的创新经济。虽然中国有很多科技创新，但中国的制度并不够开放，不足以将创新转化为生产力，产生生产力的革命性变革。

第二节 创新作为经济发展第一动力的现实要求与重大挑战

"创新兴则国家兴，创新强则国家强，创新久则国家持续强盛。"自古以来，创新就以一种不可逆转、不可抗拒的力量推动着人类社会持续向前发展。16世纪以来，世界上发生了多次科技革命，每一次都深刻影响了世界力量格局。从某种意义上说，科技实力和创新能力决定着各国经济力量对比的变化。从世界历史看，大国崛起呈现出"科技强国—经济强国—政治强国"的演变规律。一个国家是否强大不仅取决于经济总量更取决于创新能力。

创新作为经济第一发展动力主要是破解几大长期制约中国经济发展的结构性难题。总体而言，当前我们面临三大不确定性问题：一是国际金融危机以来世界广泛存在着停滞的风险，这是国际货币基金组织（IMF）对当前世界经济的主要判断。广泛停滞的风险，也就意味着全球经济缺少新的动力。二是第四次工业革命是否形成了供给侧层面的、对全球生产率和全球供给的广泛的提升效果和实质性影响。三是当前我们正在经历由全球产能繁荣到全球产能过剩的过程，这会对未来全球经济以及国际宏观经济政策协调带来什么样的影响还不确定，因此，创新如何在全球有效需求不足以及潜在经济产出水平下降的情况下促进全球经济的增长是核心的问题。

一、新一轮产业科技变革给全球经济格局带来新挑战

（一）颠覆性技术正在深刻地改变世界经济

当前，世界已经进入技术进步的密集期，也被称为"第四次工业革命""新工业

革命"或是"第五次技术革命浪潮"。根据美国国家情报委员会于 2012 年 12 月发布的《2030 年全球趋势：不一样的世界》报告，信息技术、制造和自动化技术、与资源保护相关的技术，以及卫生保健技术等将极大影响 2030 年前的全球经济、社会、军事和环境行动措施。在制造和自动化技术领域，3D 打印和机器人技术等有望改变发达和发展中国家的生产方式，自动和遥控无人驾驶技术将改变军事行动、交通和地球探测。此外，2013 年，麦肯锡全球研究院所发布的《12 项颠覆性技术引领全球经济变革》，则按照经济效益预测包括移动互联网、物联网、云计算、先进机器人、智能驾驶、下一代基因组学、储能技术、3D 打印、先进材料、先进油气勘探以及可再生能源在内的技术将对全球经济、社会和生产产生重大影响。预计到 2025 年，这 12 项技术每年将产生 14 万亿~33 万亿美元的经济效益。

尤其值得一提的是，面临传统经济与传统贸易增长的乏力，数字经济与数字贸易的发展无疑给我们提供了一个新的视角和探索增长的路径。与传统经济相对应的"数字经济"是一种新的经济形态和新的经济系统，全球尚未有统一而明确的定义。一般是指各类数字化投入带来的全部经济产出，包括数字技能、数字设备（软硬件和通信设备），用于生产环节的数字化中间产品和服务，以及在整个数字价值链过程中产生的大量数据。

数据作为一种新的生产要素和生产力，促进了技术、经济和国际贸易的发展。数字经济正以每年 10% 以上的速度在高速发展，是全球经济增速的 3 倍以上。2014 年，麦肯锡全球研究院发布报告《数字时代的全球流动：贸易、金融、人和数据如何连接全球经济》，指出全球的五流（商品、服务、金融、人员和数据）正在不断增长，对全球 GDP 增长的贡献为每年 2500 亿~4500 亿美元，相当于全球经济增长的 15%~25%。

美国是数字信息技术发源地，近半个世纪以来，美国的企业、政府、科研机构紧密携手，主导着全球数字经济的发展进程，包括英特尔、IBM、高通、苹果、微软、谷歌等 ICT 巨头成为全球数字价值链的主干。2014 年，美国数字服务出口约为 4000 亿美元，占美国服务出口总量的一半以上，占美国货物与服务出口总量的约 1/6，是全球数字经济的核心引擎。

根据国际数据公司（IDC）预测，到 2019 年亚太地区数字消费额有望从 2015 年的 7 万亿美元增至 17 万亿美元。在未来 5 年里，G20 的互联网经济预计将以每年 8% 的速度增长，远超传统的经济部门。埃森哲预计到 2020 年，数字经济对中国 GDP 产值的贡献将达到 5270 亿美元，约合人民币 3.5 万亿元。2015 年，数字经济在中国 GDP 中的占比为 10.5%，到 2020 年，这一比例将会达到 13.3%。虽然中国数字经济起步较晚，但近些年也同样令人瞩目。2004 年中国电子商务交易额仅有 9293 亿元，2015 年已达 20.8 万亿元，同比增长 27%。2011 年跨境电子商务交易额为 1.74 万亿元，2015 年达到 5.4 万亿元，同比增长 44%。因此，数字经济将广泛影响全球经济形态、生产形态和贸易形态。

（二）全球劳动力成本面临结构性挑战

世界制造业正由"人口红利"向"劳动生产率红利"转变，劳动生产率正在成为左右制造业成本甚至全球制造业竞争力的重要因素。当前劳动力与资本所发生的结构性失衡已经逼近临界点，中国制造业成本抬升的时间窗口已经来临，主要体现在以下三个方面：一是现有劳动力供给意愿的逆转。随着低龄人口进入劳动力市场，原有廉价劳动力市场发生改变。二是劳动密集型行业的劳动力成本上升面临更大压力，低端劳动力稀缺性凸显。三是劳动力供给结构将持续改变，适龄劳动力供给增长放缓。

（三）全球出现新一轮产业转移和制造业转移

据世界银行统计资料显示，20 世纪 50—80 年代，国际产业转移主要以初级产品加工和原材料为主，并且主要是由发达国家向发展中国家单向进行转移。进入 20 世纪 90 年代以后，国际产业转移不仅由发达国家向发展中国家单向进行，也有发展中国家的劳动密集型产业向发达国家和次发达国家转移。根据最大对外直接投资国的全球排名显示，发展中国家和转型经济体的重要性持续上升。金砖国家不仅是外国直接投资的主要接受国，也成为重要的对外投资国。

中国处于全球制造业中心的初级发展阶段，资本密集型产业出口将更具优势。

"全球制造业中心"是指为世界市场大规模提供工业品的生产基地。全球制造业中心转移是不以任何人的意志为转移的客观轨迹。任何一个国家都不能永远占据制造业中心的地位，关键是如何延长这种优势。当前，全球制造业中心的空间布局正在从单一化走向多极化和均衡化，随着全球价值链和产业分工的深入发展，全球制造业格局也发生重大变化。

为了解全球制造业的经济转移，波士顿咨询公司对全球前25位领先出口经济体做了四个重要方面的分析：制造业工资、劳动力生产率、能源成本和汇率。这前25位出口经济体占全球工业制成品出口总额接近90%。波士顿咨询全球制造业成本竞争力指数显示，这些经济体的制造业相对成本发生了变化，这促使很多企业重新思考过去几十年对采购战略的假设及未来发展生产能力的地点选择。2013—2016年全球FDI流动情况如图1-1所示。

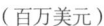

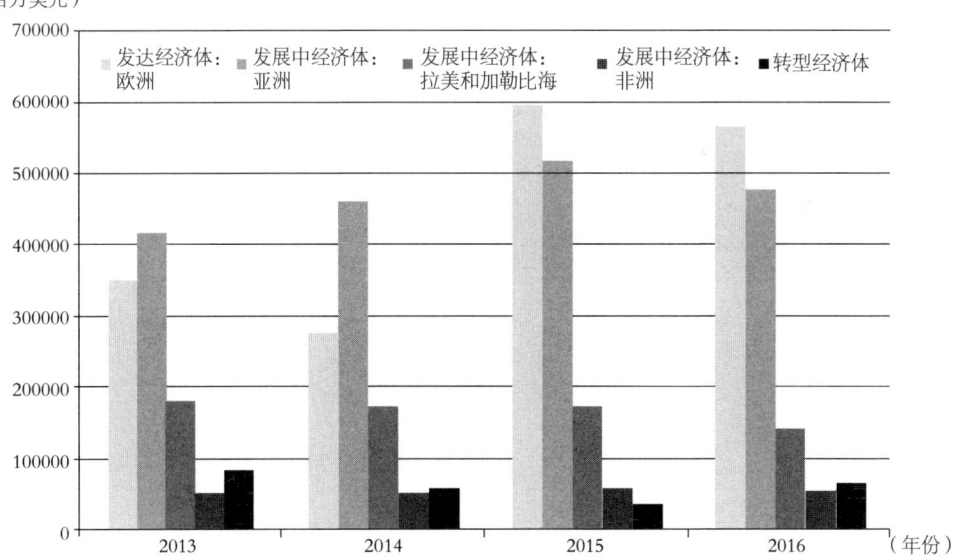

图1-1 2013—2016年全球FDI流动情况

数据来源：UNCTAD。

二、世界主要发达经济体抢夺创新战略制高点

2008年国际金融危机以来,全球各国纷纷调整创新战略方向。从全球发展大趋势看,国际经济秩序正处于新的转型期,各国战略力量的争夺焦点更在于主导权之争,创新已成为世界主要国家的核心战略,近年来主要国家提出科技战略的频率之快、层次之高前所未有。主要发达国家创新战略出现重大调整。新兴经济体国家,如韩国、俄罗斯、印度、巴西等都纷纷提出了本国的创新发展战略。

美国于2008年出台《美国竞争法案》,2009年实施《美国创新战略:推动可持续增长和高质量就业》,将创新作为巩固国家战略优势的关键。2011年推出新版《美国创新战略———确保我们的经济增长和繁荣》,将科技创新确立为制胜未来的关键。

欧盟于2006年推出了《创建创新型欧洲》和《欧洲研究基础设施路线图规划》,2010年提出《欧洲2020战略》,提出未来十年发展蓝图。德国于2010年推出《德国2020高科技战略》,2011年推出《中小企业创新核心计划(ZIM)》《德国工业4.0战略计划实施建议》。德国政府正积极推进以"智能工厂"为核心的工业4.0战略,支持工业领域新一代革命性技术的研发与创新。

日本于2009年4月推出新增长战略,提出要重点发展环保型汽车、电力汽车和太阳能发电等产业。韩国则在《新增长动力规划及发展战略》中提出:重点发展能源与环境、新兴信息技术、生物产业等六大产业,以及太阳能电池、海洋生物燃料、绿色汽车等22个重点方向。

三、全球创新大国加大创新力度,竞争日趋激烈

2016年年初,美国国家科学基金会发布的《美国科学与工程指标》显示,全球研发支出集中在北美、欧洲、东亚和东南亚地区。虽然美国仍然是全球科学与工程研发支出最多的国家,占全球研发经费总数的27%,但中国近几年在研发领域的投资大幅增加,如今已凭20%的比例紧随其后,在研发投入、高科技制造增加值等方

面均居世界第二，显示出全球创新资源集聚态势和竞争格局进一步加强，发达国家创新优势强化，发展中国家面临创新突破的发展机遇。在新技术革命和全球新一轮产业变革的大背景下，创新要素集聚决定着新产业和经济战略优势的形成，以科技创新为源头，世界各国对人才、资金、市场、技术标准、产业规则，以及知识产权等方面的竞争更为激烈。

与此同时，市场作为引导创新要素流动关键力量和企业作为配置创新要素核心载体的作用进一步强化，跨国公司、金融资本、产业模式等要素推动创新资源在全球范围内加快流动与配置，创新和新技术从发达国家传导至新兴经济体的传导路径面临新的挑战，全球创新格局也面临深刻变化。一方面，发达国家在科技、信息、资本等方面的长期积累优势进一步得到强化。从国际贸易特别是技术贸易的角度来看，联合国贸发会议的报告显示，目前由跨国公司协调的全球价值链占到全球贸易总额的80%（UNCTAD，2013）。另据美国国家科学基金（NSF）的统计（NSB，2012），与研究、开发、测试（RDT）相关的技术服务出口，85%为跨国公司的内部贸易（如母公司与子公司之间）。另一方面，发展中国家特别是新兴经济体面临实现技术创新产业化突破式发展的重大机遇窗口。为了在全球新一轮竞争中把握主导权和主动权，各国均加大力度，全球创新竞争手段更趋多样，且日趋激烈，包括人才争夺、高技术控制、隐性贸易壁垒等。

首先，世界各国几乎都制订了面向未来的创新型人才引进和培养计划，人才特别是高端技术人才争夺十分激烈。美国先后数次修改移民法，吸引全世界所有受过高等教育的人移民到美国，1/4的留学生到美国深造，大约1/2的留学博士会最终留在美国工作；欧盟2011年5月开始实施吸引杰出人才移民的"蓝卡工程"，吸引非欧盟国家的高素质人才。

全球人才流动十分不平衡，全球人才更多流向美国和欧洲。2010—2014年，全球大量科技人才流向美国。中国2011年取得永久居留权的人数为87016人，2012年减少为81784人，2013年比2012年减少9986人，降幅为12.2%，在这些移民中，科技人才占相当大的比例。2013年，来自中国大陆的通过职业技能获得永久居留权的人数为20245人，占年度总数的28.2%，比上一年度增加2041人，比重提高了4.9%。

中国大陆赴美留学生获得博士学位后 5 年之后留在美国的比例近几年也高达 90% 以上。中国科技人才流动到其他国家的情况也是比较明显的，2013—2014 年，澳大利亚共颁发了 19 万个永久居留签证，其中 14.4% 为中国人所持有，科技人才占了绝大多数。

其次，科技全球化形成全球创新网络。国际科技合作呈现新的方式和特点，共建大科学工程、开展全球性重大问题合作研发、基于互联网虚拟平台协作研究、从科学问题延伸至产业合作等成为新方向。跨国公司主导的研发全球化进一步深入，美国和欧洲跨国公司海外研发投入比重已占其研发总投入的 70% 以上，跨国技术联盟数量在近十年间几乎翻了一番。跨国合作产生的 PCT 专利从 20 世纪 90 年代中期的 5.8% 提高到 21 世纪初的 7.2%。但与此同时，发达国家对高技术管制不断加强，美国、欧盟等已制定出一整套严密的技术监管体系，形成"创新挤出"和"创新控制"。

因此，我国要以开放式创新拓展技术创新空间，积极融入全球创新链、产业链、价值链，形成对接国际规则的规则框架和市场环境。在科技创新全球化的大背景下，开放式创新已经成为世界各国创新战略的新趋势，客观上要求各国进一步推进开放，融入全球创新网络，利用全球创新资源重构国家竞争优势。作为一个后发国家和发展中的新兴经济体，实现开放式创新也是我国推进创新驱动战略，将创新作为第一发展动力的必然选择，特别是以技术创新和制度创新作为"双轮驱动"，立足全球创新资源，融入全球创新网络，将有助于增强我国在全球范围内配置创新要素和参与国际竞争力的能力。

最后，全球贸易保护更趋隐蔽。在《美国创新战略》中，美国发起的清洁能源革命将进一步强化美国的技术领先优势，加剧已非常激烈的新能源竞争；知识产权政策将使中美知识产权纠纷进一步升级，并逐步成为中美贸易平衡问题的"新借口"和"新手段"。

四、中国进入"新常态"时期面临经济发展全方位挑战

认识新常态、适应新常态、引领新常态,是当前和今后一个时期我国经济发展的大逻辑。适应新常态要形成发展新动力,突出创新驱动,推动全面创新,让创新成为经济发展第一动力。我们是经济大国、科技大国、教育大国,但不是强国,因此,将创新视为经济发展第一动力是中国进入新的历史发展阶段的内在规律和必然要求。当前,中国正在进入"新常态"的历史阶段,在这一阶段里,一些有别于以往的发展新特征越来越明显。数量型扩张的经济模式已经难以支撑如此庞大的经济体量实现高速增长,特别是随着人口红利减少、生产要素成本上升、资源配置效率和要素供给效率下降,中国比以往任何时候都需要通过创新来提升国家竞争力,摆脱陷入"中等收入陷阱"的风险,需要实施"创新立国"战略来重构国家竞争优势。

(一)全球追赶型经济体经济转型时期的新挑战

从全球经济发展历史过程看,经济发展新常态可能不只是中国经济特有的现象,而是揭示了追赶型(或赶超型)经济体成功实现转型后的经济状态。这种从旧向新的转变不是短期的经济周期性调整,而是长期的结构性、趋势性改变,能否顺利地从旧常态过渡到新常态,也即能否成功跨过"中等收入陷阱",是追赶型经济体成功转型的重要标志。中国"经济新常态"暗含了发展中国家如何跨越"中等收入陷阱"阶段的内在含义,主动认识、把握、引领这个发展阶段,是我国经济走向更大成功、实现经济发展现代化目标的理论基础和重要保障。

根据历史经验,"二战"后在全球 101 个追赶经济体中,只有 13 个国家和地区成功实现经济新常态的过渡,成功概率仅为 13%。大多数没有跨过"中等收入陷阱"的国家,经济又进入了低水平均衡状态,经济发展长期停滞不前,如非洲和拉丁美洲部分国家。无论是资本增速、劳动力增速,还是全要素生产率增速,都会经历一个类似"倒 U 曲线"的变化过程。因此,潜在经济增速客观上都会经历一个由低到高,再由高到低的变化过程。美国、日本、德国、英国、法国等主要发达国家的全

要素生产率在后工业化时代均出现不同程度的下降。美国1972—1992年的全要素生产率仅为0.18%，远低于1950—1973年期间的1.72%，甚至还远低于1913—1950年的1.50%。日本1972—1992年、1950—1973年、1913—1950年期间分别为1.04%、5.08%、0.36%；英国为0.69%、1.48%、0.81%，德国为1.52%、4.05%、1.21%，法国为0.73%、3.22%、0.96%。

过去30多年，高储蓄率、高投资率、全球FDI、低要素成本等因素和优势支撑了中国经济持续高增长。2000—2013年，全球经济GDP平均增速为3.68%，同期中国经济年均增速10.6%，几乎是全球平均增速的3倍。2014年，中国GDP总量达到10万亿美元左右。但"高投入—高消耗—低效益"的"旧常态"特征也尤为突出。

一是"高投入"。以资本投入为例，中国30多年来保持较高的资本形成率[①]，特别是2000年以后，资本形成率呈现快速上升势头，由1978年的38.2%上升至2013年的49.3%，提高11.1个百分点。几乎是世界平均水平的一倍。二是"高消耗"。单位GDP能耗尽管有所下降，但依然为高收入国家的1.8倍，中等收入国家的1.2倍，世界平均水平的1.5倍。三是"低效益"。以边际"资本—产出"效率衡量，已经从1978年的3.7倍上升至目前的5倍左右。

另外，近年来全要素增长率不断下降，经济新常态下潜在经济增速将较1990—2009年的潜在增速下降3%左右。我国经济增长新常态的合理经济增速将从"十二五"的7.4%左右，逐步降至2012—2016年的平均6.5%左右，且增长趋势缓慢下降（见附录）。2013年中国经济增长来自全要素生产率（TFP）的贡献接近于零，经济增长的最主要动力依赖于资本投入。2013年中国GDP经PPP调整后的增速为7.23%，回落至2000年以来的最低位。从经济核算角度，经济增长主要可以分解为五个部分：资本投入（非ICT）、ICT资本投入、劳动力数量、劳动力质量、全要素生产率。资本存量、劳动力总量和全要素生产率增加率测算结果如表1-2所示。

[①] 资本形成率亦称投资率，通常指一定时期内资本形成总额占国内生产总值的比重。资本形成总额包括两部分，一部分是固定资本形成总额，另一部分是存货增加。

表1-2 资本存量、劳动力总量和全要素生产率增长率测算结果

	资本存量/亿元	就业人数/万人	1978年不变价GDP	资本存量增长率	趋势就业人数增长率	趋势全要素生产率增长率	潜在增速
1978年	8663.6000	40152.0000	3645.2200	—	—	—	—
1979年	9364.2720	41024.0000	3776.6850	0.1109	0.0264	0.0103	0.0756
1980年	10154.8500	42361.0000	3918.3000	0.1144	0.0284	0.0072	0.0752
1981年	10919.3700	43725.0000	4006.5200	0.1053	0.0299	0.0050	0.0696
1982年	11732.2200	45295.0000	3998.0100	0.1044	0.0311	0.0054	0.0703
1983年	12783.7100	46436.0000	4039.7360	0.1196	0.0320	0.0101	0.0824
1984年	14043.0700	48197.0000	4240.0290	0.1285	0.0332	0.0183	0.0954
1985年	15524.6900	49873.0000	4674.1870	0.1355	0.0346	0.0281	0.1091
1986年	17103.0300	51282.0000	4894.1080	0.1317	0.0367	0.0370	0.1173
1987年	18688.5100	52783.0000	5147.3170	0.1227	0.0398	0.0463	0.1242
1988年	20284.4400	54334.0000	5770.1650	0.1154	0.0437	0.0557	0.1324
1989年	21371.0400	55329.0000	6263.5260	0.0836	0.0470	0.0635	0.1273
1990年	22427.4500	64749.0000	6626.6090	0.0794	0.0476	0.0715	0.1338
1991年	23521.8400	65491.0000	7081.8030	0.0788	0.0406	0.0836	0.1417
1992年	25078.6200	66152.0000	7662.4300	0.0962	0.0314	0.0957	0.1569
1993年	27238.9200	66808.0000	8823.9940	0.1161	0.0230	0.1033	0.1692
1994年	29922.9600	67455.0000	10644.1700	0.1285	0.0169	0.1005	0.1687
1995年	33046.7700	68065.0000	12103.5500	0.1344	0.0130	0.0844	0.1532
1996年	36510.3300	68950.0000	12881.4700	0.1348	0.0109	0.0597	0.1276
1997年	40101.9200	69820.0000	13076.7400	0.1284	0.0100	0.0340	0.0984
1998年	44070.6500	70637.0000	12960.4400	0.1290	0.0096	0.0133	0.0778
1999年	48265.5800	71394.0000	12795.4700	0.1252	0.0092	0.0007	0.0633
2000年	52869.4700	72085.0000	13055.4000	0.1254	0.0088	−0.0039	0.0585
2001年	57765.9100	72797.0000	13323.5100	0.1226	0.0083	−0.0034	0.0575
2002年	63622.1300	73280.0000	13403.5100	0.1314	0.0076	0.0006	0.0651
2003年	71015.6500	73736.0000	13750.3000	0.1462	0.0069	0.0069	0.0779

续表

	资本存量/亿元	就业人数/万人	1978年不变价GDP	资本存量增长率	趋势就业人数增长率	趋势全要素生产率增长率	潜在增速
2004年	79690.3000	74264.0000	14702.9400	0.1522	0.0062	0.0136	0.0870
2005年	89422.9300	74647.0000	15279.2800	0.1521	0.0056	0.0187	0.0916
2006年	101018.3000	74978.0000	15861.0400	0.1597	0.0050	0.0222	0.0983
2007年	114253.3000	75321.0000	17072.3900	0.1610	0.0045	0.0241	0.1006
2008年	129231.6000	75564.0000	18397.8300	0.1611	0.0042	0.0232	0.0995
2009年	148912.2000	75828.0000	18286.3200	0.1823	0.0039	0.0203	0.1063
2010年	170997.6000	76105.0000	19500.2800	0.1483	0.0037	0.0184	0.0887
2011年	194029.6000	76420.0000	21022.1800	0.1307	0.0034	0.0152	0.0772
2012年	219254.1000	76704.0000	21441.6100	0.1260	0.0029	0.0092	0.0687
2013年	247648.4000	76977.0000	22541.8000	0.1255	0.0021	0.0016	0.0605
2014年	279495.7000	77253.0000	22526.4600	0.1299	0.0021	0.0077	0.0685
2015年	315230.9000	77036.6900	——	0.1239	−0.0002	0.0095	0.0664
2016年	355342.7000	76820.9900	——	0.1272	−0.0013	0.0095	0.0673
2017年	400380.3000	76605.8900	——	0.1267	−0.0021	0.0095	0.0667
2018年	450960.7000	76391.3900	——	0.1263	−0.0027	0.0095	0.0661
2019年	507777.5000	76177.5000	——	0.1260	−0.0032	0.0095	0.0657
2020年	571610.1000	75964.2000	——	0.1257	−0.0035	0.0095	0.0654

根据国家信息中心课题组预测，"十三五"期间，我国经济将处于中高速发展阶段。在基准方案下，2014年、2015年我国实际经济增长7.3%和7.2%左右。"十三五"期间GDP年均增长6.5%左右。总体来看，2012—2020年，我国经济处于中高速增长阶段，经济增速在6%~8%之间波动，年均增速在7%左右。到2020年，我国名义GDP总量将突破100万亿元，达到104.3万亿元，按市场汇率计算，人均GDP将达到1.34万美元，接近高收入国家的门槛；按2010年不变价计算，2020年我国实际GDP总量将达到80.4万亿元，可以实现较2010年翻番的预期目标。

第一，2021—2030年，我国经济将进入中速增长阶段，年均增速为5%左右，大体上在4%~6%之间波动。初步预计，在基准方案下，2025年我国名义GDP总量将达到29.1万亿美元；2030年将达到41万亿美元。2030年人均GDP将达到2.9万美元。

第二，2031—2049年，我国经济将步入低速稳定增长阶段，年均增速为3.5%，大体在3%~4%之间波动。初步预计，在基准方案下，2049年我国名义GDP总量将达到115.6万亿美元，人均GDP将达到8.5万美元左右。

（二）从经济大国迈向经济强国关键阶段的新挑战

近代以来，世界经济中心发生过几次迁移，其中有一个非常清晰的脉络就是科技中心一直是支撑经济中心地位转移的强大力量。如果单靠经济规模扩张，而没有强大的科技创新作为支撑，一个国家就无法成为强国。葡萄牙、西班牙、荷兰相继掌握世界先进的航海技术，经由地理大发现开辟了美洲航线、南亚航线和非洲航线，开展自由贸易和殖民地扩张，继而成为16~17世纪的世界强国。然而，由于未能依靠科技创新建立制造业主导的经济结构，因此被其他国家超越。不同历史时期的国家或地区抓住世界科技革命的重大机遇，迅速崛起，则会改写世界经济的版图和格局。英国在第一次科技革命后，依靠完整的科技体系和持续创新能力成为世界上第一个工业化国家；德国在以内燃气和电气化为代表的第二次科技革命后迅速崛起成为欧洲工业强国；美国抓住了以电子信息技术为代表的第三次工业革命成为当今世界头号强国；日本、亚洲四小龙等依靠科技创新实现赶超成为发达经济体。中国是否能够抓住当前全球新一轮产业和科技革命的重大战略机遇期，超越困难与挑战是决定中国成为经济强国的根本所在。

中国经济经过60多年发展特别是改革开放30多年的快速增长，创造并积累了巨大的财富量，已经从一个经济弱国发展成一个经济大国，新常态下将进一步推动中国向经济强国迈进。按照汇率法计算，从2010年起中国GDP已经位居世界第二。按照购买力平价估算，2014年中国GDP达到17.6万亿国际元，首次超过美国，成为世界第一（据IMF2015《世界经济展望》数据）。尽管我们对购买力平价的估算方法存在质疑，但这也说明中国的经济实力得到了国际机构的认可。除此之外，国家总资产规模也呈现迅速扩大之势。《中国国家资产负债表2015》数据显示，2007—2013年，国家总资产从284.7万亿元增加到691.3万亿元，增长406.6万亿元，年均增长67.8万亿元；同期，中国的净资产也从165.8万亿元增加到352.2万亿元，增长186.4万亿元，年均增长31.1万亿元，这是中国成为一个经济强国的综合国力基础。除了数量的增长，国家资产的结构也在不断优化。2013年在国家总资产中，居民、非金融企业、金融企业和政府资产的占比分别为29.4%、30.3%、27.4%和12.9%。而在352.2万亿元净资产中，居民净资产占三成，企业净资产占四成。

在经济实力迅速增强的带动下，我国科技、军事实力显著增强，国际影响力明显提升，从而使我国综合国力不断迈上新台阶。根据中国社科院、美国兰德公司等国内外机构的评估结果，中国综合国力在1990年前后位列世界第九名左右；2005年前后位列世界第六名左右；2013年前后位列世界第三名左右；在此过程中与世界上综合国力最强的美国差距在不断缩小。

（三）从中等收入国家向高收入国家跨越的新挑战

我国人均GDP从1978年的不足200美元提高至2014年的7589美元，增长了将近37倍。按照世界银行的最新划分标准，我国分别于2002年和2010年跨越中低收入国家和中高收入国家的分界线[①]。1980年，按汇率法计算，中国人均GDP为220美元，属于极低收入组，在世界188个国家中位居175位；2001年达到1000美元，进入下中等收入组，在世界207个国家或地区中位居141位；2010年达到4240美元，进入上中等收入组，在215个国家或地区中位居120位；2015年达到接近8000美元，这意味着我国成功实现了由低收入水平向中等收入水平的发展跨越，正在向高收入阶段迈进。

经济发展新常态所对应的时期，大体对应于中国经济从中等收入水平到高收入水平迈进的阶段。按照总体发展趋势，中国将在2020—2023年期间，跨越中等收入

---

① 按照世界银行2014年6月的划分标准，人均GDP位于1100美元以下的国家为低收入国家，位于1100~4200美元之间的国家为中低收入国家，位于4200~13000美元的国家为中高收入国家，位于13000美元以上的国家为高收入国家。

阶段，进入高收入国家行列。但世界各国的发展经验表明，中等收入阶段是比较难以跨越的一个历史阶段。这一阶段对我国而言也充满挑战，进入这一阶段后，经济和社会发展各方面的矛盾凸显，如果处理得不好，经济发展的进程往往会发生巨大波动。至今世界上只有少数国家和地区成功地跨越了中等收入阶段。中国地域广袤，发展水平参差不齐，城乡二元结构特征明显，居民收入分配差距较大，这些问题都会对经济发展产生影响，都需要在发展过程中加以解决。

中国经济总量虽然位居世界第二，但人均 GDP 排在世界 80 位以后。中国基本消除了世界上最大群体的贫困人口，但按 2011 年提高后的贫困标准（农村居民家庭人均纯收入 2300 元人民币/年），中国还有 8200 万的贫困人口，占农村总人口的 13%，占全国总人口近 1/10。在经济新常态下，按照更高标准抓紧解决贫困问题，全面建成小康社会，将是中国对世界做出的新贡献。根据国家统计局数据，2003—2013 年的 10 年间，我国居民收入的基尼系数都在 0.47 以上。其中，2008 年最高，曾达到 0.491，之后逐步回落，但仍超过 0.4 的国际警戒水平，表明我国收入差距确实很大。随着国家深化收入分配体系改革，理顺收入分配关系，保持居民收入与经济同步增长，逐步提高居民收入在国民收入分配中的比重、劳动报酬在初次分配中的比重，加大税收对收入分配的调节作用，深化垄断行业收入分配制度改革，进一步规范收入分配秩序，可以使中国成为中等收入人群为主体的社会，社会财富分配格局将逐步从"金字塔形"转向"橄榄形"。

（四）从工业化中后期向工业化后期迈进的新挑战

在一个国家或地区经济起飞的早期阶段，经济增长的主要动力来自稀缺资源（如资本、技术）投入激发丰裕资源（如劳动力、土地、矿产）的产出潜力；随着闲置丰裕资源不断调动，经济产出基数不断放大。一方面，作为产出潜力的丰裕资源的市场价格水平持续上涨；另一方面，作为动力来源的稀缺资源的边际产出效率逐级递减，面临着劳动力、资源、环境三大方面的约束强化。

在过去相当长的时间内，中国采取了高投入驱动高增长的发展模式，在经济发展的初期，这种模式有其合理之处，但按照这种模式发展 60 多年之后，也为此付出了经济结构性失衡、发展方式粗放、生态环境污染的代价，已经变得既不合理，也不可持续。其中改革开放以来的30多年，高储蓄率、高投资率、全球FDI、低要素成本等因素和优势支撑了中国经济持续高增长。2000—2013年，全球经济GDP平均增速为3.7%，同期中国经济年均增速10.0%，是全球平均增速的2.7倍。但"高投入—低效益"状况明显，"超常态"特征尤为突出。"高投入"的突出表现是，中国30多年来保持较高的资本形成率，几乎是世界平均水平的1倍。同时，增量资本产出率（ICOR）等指标反映我国的经济效率在下降，2014年增量资本产出率已上升至5以上，比3左右的正常水平高出很多。

中国经济进入新常态，在要素条件约束下，"经济新常态"必然会表现为经济发展动力机制的被动调整或主动调整的表现。要持续发展，就必须将动力机制从要素驱动调整为创新驱动——向结构要增值，向创新要效益。通过"知识溢出"效应和加强国际技术合作，实现从模仿到自主创新的转变，加快融入全球创新网络。

按照世界银行前副行长霍利斯·钱纳里（Hollis Chenery）从人均GDP对工业化阶段的划分标准来看，人均5645~10584美元进入工业化后期，我国应已步入工业化后期阶段。中国社会科学院工业经济研究所2012年10月25日发布《中国工业化进程报告（1995—2010）》认为，按照汇率—购买力平价法计算，"十五""十一五"期间，中国已经快速走完了工业化中期阶段，这意味着中国将在"十二五""十三五"期间步入工业化后期。从产业结构来看，2010年，第一产业增加值占GDP比重为10.1%，第二产业增加值占GDP比重为46.7%，第三产业增加值占GDP比重为43.2%。按照诺贝尔经济学奖得主西蒙·库兹涅茨（Simon Kuznets）和霍利斯·钱纳里等人从经济结构方面提出的判别标准，我国也已经步入工业化后期、进入向发达经济体升级的最后关键时期。

（五）由数量型增长向质量效益型增长转变的新挑战

一是劳动力要素约束强化。劳动力数量投入的扩张对经济增长的贡献已回落至低位。1990—2001年，中国的廉价劳动力数量优势明显，每年劳动力数量对GDP增长的贡献均在0.5%~1.0%；自21世纪初以来，进入了"低出生、低死亡、低增长"

的现代型人口增长阶段。劳动力数量红利退潮，"刘易斯拐点"问题逐渐引起广泛关注。中国农村劳动力的非农就业比例从1995年的31%上升至2007年的60%，其中年轻人群体的非农就业上涨最快，16~20岁从23.7%上升至97.7%，显示农村剩余劳动力向制造业部门转移几近完成。同时，中国老龄化进程加速。2010年中国第六次人口普查人口老龄率（65岁以上人口占比）为8.9%，到2050年左右大概30%。随着"人口红利"衰竭和"刘易斯拐点"的到来，中国的城镇化进程将会放缓。未来中国的城镇化将由加速阶段转变为减速阶段，预计今后城镇化年均提高的速度将保持在0.8~1个百分点，很难再现"九五""十五"期间每年1.35~1.45个百分点的增幅。

二是资源环境约束强化。改革开放以来，我国的经济发展主要是依靠物质要素的投入来推动的，经济的快速发展以大量的资源投入和环境污染为代价。从1978年到2013年，我国能源消费总量从5.7亿吨标准煤迅速上升到37.5亿吨标准煤。尽管近几年中国单位GDP能耗有所下降，但依然为高收入国家的1.8倍，中等收入国家的1.2倍，世界平均水平的1.5倍。同时，中国人口众多，人均资源量少，经济增长将受到越来越严重的资源和环境约束，势将面临能源供给、生产能力、运输能力和废气排放的环境容量不足的困境。

三是结构性矛盾强化。从经济发展的纵向坐标看，当前中国经济已经走过经济"总量不足"的发展阶段，但是由于有效供给不足而带来的"结构性矛盾"仍是面临的重大挑战。从资本总存量、人均资本存量两个维度分析，中国仍远远落后于发达国家，因此资本积累仍有空间，资本增加对经济增长的贡献仍有中期潜力可挖，核心问题在于资本的结构而非总量。数据显示，中国资本存量（按当前价格计算）于2010年年底达到93.3万亿元人民币，合13.8万亿美元，仅为美国资本存量（2010年年底为44.7万亿美元）的30%。若以2005年的不变价格计算，估计2010年中国的资本存量为13.5万亿美元，远低于美国的41.3万亿美元，也低于日本的14万亿美元。中国对基础设施投资投入力度大，但教育、人力资本、社会保障等公共服务产品方面的投资依然不足，而基础研究、技术标准、知识产权等软件基础设施的投入更显薄弱。目前我国国民储蓄率高达50%左右，即便开始出现高位回落，仍将显著高于大多数国家水平。这使得投资于仍然欠缺的公共基础设施特别是公共服务设施和新型产业、服务业等领域可以继续保持在较高的水平上。投资空间仍然广阔和投资规模仍然可以保持较大总量，由此使得资本积累仍然可以发挥促进我国经济增长最重要的支撑作用和基础性功能。

（六）由外向型经济向全面开放型经济转变的新挑战

根据邓宁的投资发展路径（IDP）理论，一国的净对外直接投资（NOI），即对外直接投资与吸收外国直接投资的差额，是一国经济发展阶段的函数。到达一定阶段时（人均2000~4750美元），进行投资阶段的转变就成为必然选择。而推动这一转换的关键是提高对外投资的收益率，促进本国资本竞争优势的形成。国际收支经常项目盈余是衡量一个国家对外经济成熟度的重要指标。一般而言，经常收支持续保持盈余，贸易服务性收支缩小，所得收支盈余以及对外资产余额增加的情况表明一国正在向成熟的债权国过渡，开始从"商品输出为主"向"商品输出"和"资本输出"并重转变。要充分带动资源配置的全球化拓展，将要素禀赋优势升级形成对外投资新优势。通过资本输出带动我国全球贸易布局、投资布局、生产布局的重新调整，进而带动产品、设备和劳务输出，积极建立和健全中国的全球供应链、产业链和价值链，形成内外联动的全面开放型经济体系。

由此，开放式创新将是我国构建开放型经济新体制的有益尝试和重要举措，是我国推进创新驱动发展战略和建设创新型国家的必然选择。以体制创新和政策突破为动力，改善创新环境，将增强我国在全球范围内配置创新要素和参与国际竞争的能力，有助于打造世界级创新区域并引领开放式创新，为打造中国经济升级版提供有力支撑，助力我国在新一轮科技革命和科技全球化中赢得主动，获取先发优势。

五、作为国家竞争核心的制造业面临严峻压力与挑战

（一）中国是名副其实的全球"制造大国"

从产业规模和结构看，制造业是我国国民经济的重要支柱和经济增长的主要支

撑力量，它贡献了国内生产总值的40%以上。改革开放30多年来，我国制造业增长高于国家整体经济发展水平，在规模发展的同时，产业结构也在快速升级，主要表现在劳动和资源密集型产品的比例持续下降，资本和技术密集型产品的比例不断上升。2005—2013年，我国制造业总产值年均增长20%左右，并于2012年超越美国成为全球第一制造大国。截至目前，我国220多种工业品产量居世界第一位，制造业净出口居世界第一位，据世界银行数据，当前，中国制造业增加值在世界占比达到20.8%。根据联合国工业发展组织资料，目前中国工业竞争力指数在136个国家中排名第七位，制造业净出口居世界第一位。按照国际标准工业分类，在22个大类中，中国在7个大类中名列第一，钢铁、水泥、汽车等220多种工业品产量居世界第一位。

（二）与全球主要大国比较我国制造业成本优势大大减弱

然而，随着新一轮科技革命和产业变革的到来，我国又面临一次前所未有的挑战，迫切需要通过提高创新能力，培育新的发展动能。从国际上看，国际产业分工体系和竞争格局加快重塑，发达国家积极推进"再工业化"，利用先发优势不断强化其全球竞争优势和价值链高端位置，对我国产业转型升级、向全球价值链高端攀升形成压力。再看国内，供给侧与需求侧的结构性矛盾加剧，基于低成本的数量扩张型工业化路径越来越难以适应消费转型升级的需要，亟待通过创新培育新的供给能力。

根据波士顿咨询公司分析，2015年，中国工人平均工资达到美国的17%，而2000年、2005年、2010年，分别为0.5%、4%、9%。2015年，如不考虑物流和关税等因素，仅考虑到工人工资和生产力因素，中国产品成本只比美国南方州的成本便宜10%。

第一，劳动力成本。目前，中国制造业小时人工成本为3美元左右，而美国制造业小时人工成本在35美元左右，从数量上看，我国仍具有较为明显的优势。但从发展趋势上看，2004—2013年，我国制造业小时人工成本增长超过200%，年均增速超过10%；而同期，美国增长幅度仅为2.7%，年均增速不足3%。

第二，劳动生产率。从绝对量上看，目前我国制造业劳动生产率不足美国的10%，在高端制造领域，美国的劳动生产率是我国的20倍以上。从趋势来看，过去10年中，中国制造业劳动生产率提高100%以上，低于制造业工资成本增幅；而同期，美国制造业劳动生产率年均增速接近5%，高于劳动力成本增长速度。

第三，资源与能源成本。美国制造业成本优势增强的原因还在于北美丰富的资源以及能源。高盛在其2013年前景展望中指出，美国的可开垦土地面积比中国多出5.3倍，水资源是中国的4.6倍。2004—2013年，我国工业用电价格上涨了66%（2013年我国工业平均电价0.58元/度，比美国高出30%左右），工业天然气价格上涨了138%；而美国的页岩油气革命则使其能源价格出现下降。廉价能源取代廉价劳动力正在成为新的竞争优势，这种趋势不会改变已有的建设和生产，但却将重塑新增投资的格局。能源密集型行业，如化工、石化、铝、钢铁行业在新增投资或迁移选址时会更加青睐美国。

第四，税收成本。从税率上看，我国优势并不明显。目前在我国经减免后本土公司和跨国公司实际税率都在22%左右；而在美国，本土公司和跨国公司经减免后的实际税率分别在23%和28%左右。

课题组根据劳动生产率调整后的综合劳动成本计算结果是，我国的劳动力成本是美国南部州的35%左右，到2015年左右达到60%左右。未来5~10年中美劳动力成本之间的差距将快速缩小。中国商业联合会资料显示，美国物流成本只占到国民生产总值（GDP）的9%，而中国占到18%。再加上美国在能源方面形成了价格洼地，我国制造业低成本优势已经大为减弱。

另外，产能过剩和产出缺口引发的工业产品价格通缩也成为威胁制造业的一大难题。从产能周期角度来看，全球普遍存在负的产出缺口，而目前中国也正在消化2010—2011年大规模投资释放的产能，且房地产、地方投融资平台对实体经济的挤压持续存在，与国际金融危机之前相比，我国工业行业的产能过剩从局部行业、产品的过剩转变为全局性过剩。在我国24个重要工业行业中有19个出现不同程度的产能过剩，钢铁、电解铝、铁合金、焦炭、电石、水泥、玻璃等重工业行业产能过剩都是比较严重的。目前，我国制造业平均有近28%的产能闲置，35.5%的制造业企业产能利用率在75%或以下，负产出缺口显示去产能化比较缓慢，放眼全球主要经济体的产出缺口在金融危机之后都出现扩大的趋势。

此外，资源重新配置效率的空间缩小，传统模式下的城镇化也即将减速。过去经济增长既靠生产要素的积累，也靠全要素生产率的提高。由于中国接近一半的全要素生产率提高来自劳动力从生产率低的部门转移到生产率高的部门，即资源重新配置效率。这种趋势很可能也会越来越弱，甚至会逆转。真正的农民工增量来自16岁到19岁的农村人口，这部分人口在2014年达到峰值，此后开始绝对减少，相应的，农民工增长率也减慢。这意味着大规模劳动力转移，以及其实现的资源重新配置也即将结束，全要素生产率的提高速度也会大幅度地减慢。

金融危机之后经济合作与发展组织（以下简称OECD）主要国家产出缺口逐年扩大，如图1-2所示。

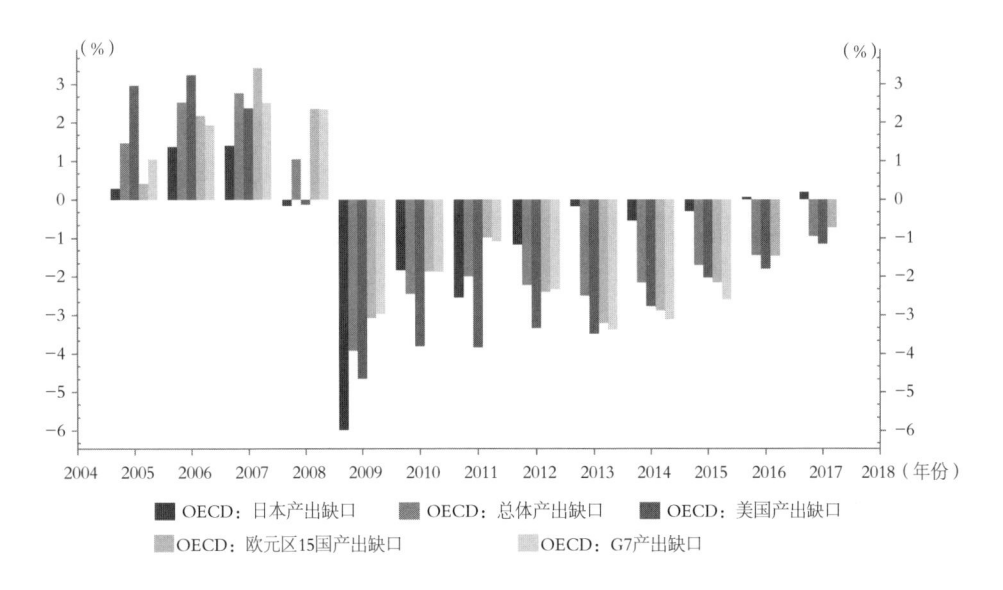

图1-2 金融危机之后OECD主要国家产出缺口逐年扩大

数据来源：OECD。

（三）制造业整体创新投入与竞争力依然严重不足

2014年，美国研发支出达460亿美元，我国在研发领域的支出自1998年起增长了3倍，研发投入占GDP比重从2006年的1.32%，提高至2012年的1.98%，超过欧盟。2013年，中国制造业研发强度远低于发达国家在2008—2009年的研发强度。我国作为全球规模最大的制造业基地，2013年制造业研发强度只有0.88%，而日本2009年已经达到4%，2008年美国已经达到3.3%，而德国为2.4%。具体深入到行业这种差距更为显著。

第一，汽车制造业。法国、日本、德国的汽车制造的研发强度都在4%以上，而中国只有1.12%；与其他发达国家的差距较大，日本和德国的研发强度是中国的4倍。第二，交通运输设备制造业。虽然中国交通运输设备的研发强度在全国行业中是最高的，但是相对于其他发达国家，差距也较大。2007年美国为9.2%，2006年英国为8.9%，也大概是中国的4倍。由于近几年中国政府加大对高铁和航天航空的研发投入，研发强度增长较快，2013年达到2.18%，要高于日韩的研发强度。第三，机械设备制造业。2007年美国的研发强度达到8.8%，大约是中国的7倍；2008年日本达到6.8%，也是中国的5倍多。2013年中国通用设备的研发强度是1.24%，专用设备是1.48%，相对于其他发达国家，处于最低水平，差距依然较大。第四，电子计算机、通信及其他电子设备产业。中国在电子计算机、通信及其他电子设备产业研发强度明显低于主要发达国家，2008年美国电子计算机、通信及其他电子设备产业为14%~19%，法国在7%~12%之间，其他几个发达国家也在5%~8%之间，而中国2013年只有1.51%，差距仍然很大。

后发优势是追赶先进国家的重要影响变量。从国家经验来看，技术引进与消化吸收的经费比例均达到1∶3左右，而我国在2009年为1∶0.43，2011年为1∶0.45，2012年反而为下降为1∶0.397。关键行业的技术消化吸收力度均非常不足，通用设备制造业这一比例为1∶0.39，专用设备制造业为1∶0.33，计算机产业仅为1∶0.05，仪器仪表产业为1∶0.26。这是以往注重投资于物化技术、忽视技术能力的必然结果，创新驱动要求企业消化吸收的投资比例大幅升高，把中国创新的后发优势实现出来。

（四）我国存在产业空心化和经济泡沫化的可能

产业空心化最早由 B. 布鲁斯通和 B. 哈里逊于 1982 年在其所著《美国的脱工业化》一书中提出。他们将产业空心化定义为：一国在基础生产能力方面出现了广泛的资本撤退。此后，国内外学者对产业空心化概念进行了细化，分别从广义和狭义的视角对产业空心化进行了定义。广义的产业空心化是指国内出现服务业经济化趋势，即第一、第二产业比重下降，第三产业比重上升的非工业化现象；狭义的产业空心化是指随着对外直接投资的发展，本国生产基地向国外转移，国内制造业不断萎缩、弱化的经济现象。无论是广义的产业空心化还是狭义的产业空心化，一个共通之处是制造业在本国经济中的作用在不断降低，其对经济的负面影响集中体现在制造业向外转移而新的产业尚未得到发展而带来的就业率的下降。

产业空心化首先出现于 19 世纪后半期的英国，20 世纪美国和日本是经历产业空心化的典型国家，其共同特征是随着海外直接投资的不断增加，生产经营资源向国外转移，包括资金、技术、机器设备和人才等的外流。美国于 20 世纪 60 年代初表现出产业空心化趋势。当时，美国的汽车和电动机械等制造业部门将生产基地纷纷转移至西欧，美国国内制造业部门出现投资不足、竞争力下降等现象，制造业在国民经济与就业中的比重不断下降，并导致美国对外贸易收支状况恶化、结构性失业严重、地区经济发展失衡等。日本从 20 世纪 80 年代开始在海外设立企业，海外直接投资迅速增加，劳动密集型产业纷纷转移至劳动力成本较低的亚洲国家和地区。有研究显示，日本 1990 年以后出现的就业人口增速下降主要源于以制造业为主的第二产业的衰退。

我国在改革开放后的很长一段时期内凭借低成本优势吸引了发达国家和地区大量的对外直接投资，以"三来一补"为主要形式的企业贸易带动了沿海地区制造业的快速发展，使我国一度成为"世界工厂"。然而近年来我国制造业优势地位出现下降趋势，特别是处于产业链和价值链低端的制造业出现明显下降趋势。首先，制造业投资增速出现下降趋势。2016 年 6 月，我国制造业投资增速为 -0.3%，是改革开放以来第一次出现负增长。其次，随着我国劳动力等生产要素成本不断上升，加之周边国家出台了优惠政策吸引外商投资，一些原本投资我国的外资制造业企业将生产基地转移至越南、老挝等劳动力更为低廉的地区。

我国制造业在经济中的作用降低的同时，新的高技术含量和高附加值的高端制造业仍处于培育过程中。由于这一过程较为漫长，与传统制造业的快速下降之间形成了新旧产业衔接的时间错配，导致制造业在经济中所起的作用出现下降，导致一定数量的制造企业关闭和工人失业。

我国经济中另一个潜在不利因素是存在经济泡沫化的可能。对于什么是经济泡沫，国内外学者的一个普遍共识是资产价格脱离其内在价值大幅上升的现象，但对于资产价格是否已脱离其基本面形成泡沫则看法不一。历史上比较著名的泡沫经济事件，远的如1637年的荷兰郁金香事件和1720年英国南海泡沫事件，近的有20世纪80年代中期的日本泡沫经济。

泡沫经济的成因较为复杂，既有制度层面的原因，如金融监管制度不完善和金融监管水平的滞后难以约束金融机构的投机行为；也有政策层面的因素，如货币政策失当会导致出现资本过剩，而过剩的资本追逐相对稀缺的投资机会会引起资产价格快速上涨，最终形成泡沫。对于投资机会减少的原因，绝大多数学者认为是周期性因素在起作用，即经济收缩阶段的投资机会相对经济扩张阶段要少，但也有学者从产业转移的角度提出，泡沫经济之所以出现，缘于在全球制造业转移的背景下，发达经济体将不具有相对优势的产业转移给其他国家的同时，国内没有成功实现产业升级，导致国内投资机会大量减少。

第二章

创新作为经济发展第一动力的理论基础

第一节 国际上关于创新理论研究的主要论述及借鉴

需要强调的是,"创新作为经济发展第一动力"并不完全等同于"科技是第一生产力"这个论断。科技是第一生产力主要是指知识转化为财富的过程,而创新作为经济发展第一动力则更强调财富转化为新知识和新知识转化为财富的完整过程。后者的内涵更为广阔。创新作为经济发展第一动力包含科技创新与研发,创新资本化和产业化,也包括了直接促进经济发展、建立新经济发展模式、推动经济结构重构的新要求和新特征。

自《国富论》问世以来,学界与政策界开始探讨经济增长与财富驱动的关系。古典经济学者认为专业分工与制度是决定性影响。新古典经济学家认为物质资本与基础设施投入是重要因素。熊彼特提出创新理论后,创新被视为提高全要素生产率、创造经济社会价值的融合体,是打破旧结构、创造新结构的过程,是经济增长的根本驱动力。鲍莫尔认为18世纪后的经济增长最终归结为创新。基于对创新的认同,弗里德曼、伦德万瓦尔和尼尔森等从国家政策的角度提出了国家创新体系。

一、马克思关于创新的理论

马克思关于"科技—社会"综合创新论。在熊彼特之前,马克思对企业创新的动机和效果、创新持续的过程和机制、需求作为创新的社会条件等进行了分析,认为创新取决于社会经济结构,是经济发展的主要动力。许多创新理论研究者对马克思到熊彼特的学术思想传承进行了评述,弗里德曼指出创新思想可以追溯至马克思在《资本论》中所提出的自然科学在技术进步中的作用,熊彼特本人坦承他"这个非马克思主义者认为马克思主义的道理具有独特的重要性"。

马克思关于科技进步为中心的综合创新理论,集中反映在其著作《机器、自然力和科学的应用》(以下简称《机器》)一书中。正是在这本著作中,马克思提出了"科技—社会"综合创新论的观点,可以把它看作是我们实行创新驱动发展战略的第一依据。马克思认为,科学技术的创新,必然引发生产方式的变革,从工厂到工厂组织是历史上生产方式变革的典型例证。在工厂组织中,工人与资本家之间的利益关系与工厂时代有重大变化。这些变化,必然使整个社会的关系、人们的生活方式较过去发生根本性变化。从资本主义历史看,引发的社会关系、生活方式的变化,主要表现为工人阶级与资本家阶级代替传统社会的贵族与农奴,城市市民生活方式代替传统社会的乡村生活。马克思强调,"只有科学技术制度等全方面统一的综合创新,而不是单项创新,才能实现一系列的重大创新"。

二、熊彼特创新周期理论

在现代经济增长理论中,有新古典派和结构主义之分。新古典派认为,增长取决于储蓄率、资本产出系数和劳动力增长;结构主义则认为,增长取决于结构转换过程的推进——增长是非均衡的,它从某一瓶颈突破,引起需求结构、生产和贸易结构及城乡结构的变化,当非均衡状态不断以新的形式出现时,增长将持续下去。

熊彼特提出的创新理论，强调了创新活动引起的生产力变化，认为推动经济发展的内在动力是创新，创新的过程是一个创造性的破坏过程，从而引起经济的周期性波动。根据熊彼特经济周期理论，创新打破经济发展的平衡，改变生产的效率，从而推动经济的发展。

根据新经济增长理论，知识具有"外溢效应"，知识溢出和经济增长有密切的联系。知识溢出过程具有连锁效应、模仿效应、交流效应、竞争效应、带动效应、激励效应。罗默的知识溢出理论认为，知识是追逐利润的厂商进行投资决策的产物，知识不同于普通商品之处是知识有溢出效应。正是有这种溢出效应，所以在经济周期中会有新企业需要经受考验以加入生产环流，老企业需要面对被创新改变的市场状况做出调整，部分经营失误的企业会倒闭或破产，从而形成一个经济周期。

三、经济学中的创新学派

创新动力通过对技术创新的推动进而促进经济发展是通过三条路径实现的：其一是供给路径，以熊彼特为代表。其二是需求路径。J. 施穆克勒的需求拉动模型论证了市场需求对技术创新的推动作用。经济组织为了满足不断变化的市场需求，积极创新，研发出满足市场需要的产品、服务，持续地获得利润，进而促进经济增长。其三是资源配置路径。

熊彼特的理论提出之后，受到同时期"凯恩斯革命"的理论影响，在当时并没有受到主流经济学家的重视。20 世纪 50 年代以来第三次科技革命兴起，许多国家的经济都出现了长达近 20 年高速增长的"黄金期"，这一现象已经不能用传统经济学理论中的资本、劳动力等要素加以简单解释，技术要素成为推动经济增长的重要动力。由此，西方学者对技术进步与经济增长的关系产生了兴趣并开展了深入研究，使创新理论得到迅速发展，出现了一大批熊彼特的追随者。纵观创新理论的发展，可以将对创新理论的研究分成四个学派，即新古典学派、新熊彼特学派、制度创新学派和国家创新系统学派。

（一）新古典学派

新古典学派的创新理论以索洛、罗默等人为代表。该学派的特点是将技术创新视为与资本、劳动力和自然资源一样的经济增长要素，运用新古典经济学的生产函数原理，研究认为经济增长率取决于资本和劳动的增长率、资本和劳动的产出弹性，以及随时间变化的技术创新。

全要素生产率是增长核算（Growth Accounting）中的核心概念。1987年诺贝尔经济学奖得主罗伯特·索洛（Robert Solow）在经济学文献中最早将全要素生产率概念引入生产函数，并将经济增长分解为资本要素、劳动要素和"被忽略因素"三部分的增长。"被忽略因素"正是全要素生产率，即著名的"索洛余值"。全要素生产率通常由微观层面的劳动生产率和宏观层面的资源配置效率两部分构成。从微观层面看，提高企业的劳动生产率，要么靠提高资本劳动比，要么靠提高全要素生产率；因为资本的边际报酬递减，提高资本劳动比不可持续，所以企业的劳动生产率往往等同于全要素生产率。从宏观层面看，通过资源重新配置，比如劳动力从生产率较低的农业部门转向生产率较高的非农部门，就可以提高全要素生产率。因此，将全要素生产率进一步分解为资源配置效率和微观劳动生产率两个部分。发展中经济体和新兴大国全要素生产率较低，主要是由于较低的资源配置效率与较低的微观劳动生产率共同所致。

目前，测算全要素生产率的方法主要有索洛余值法、随机前沿生产函数法、数据包络分析法等。索洛余值法因其计算简单、操作性强而得到广泛的应用，本研究主要采用索洛余值法对全要素生产率进行测算。在索洛模型中，全要素生产率是产出经济增长率扣除劳动和资本贡献后的余额，设定总量生产函数为C–D生产函数，该函数能够较好地估算出各投入要素（资本、劳动和技术进步）对经济增长的贡献度，其函数形式为：

$$Y=AK^{\alpha}L^{\beta}$$

其中，Y代表总产出，K代表资本存量，L代表劳动人口，α和β分别代表资本和劳动对总产出的弹性，A代表全要素生产率（TFP）。

两边取对数,可以得到:

$\ln(Y) = \ln(A) + \alpha\ln(K) + \beta\ln(L)$

通常假设生产函数为常规模弹性,即 $\alpha+\beta=1$,那么生产函数可以变形为:

$\ln(\frac{Y}{L}) = \ln(A) + \alpha\ln(\frac{K}{L})$

潜在经济增速估算主要涉及资本存量 K 增速、劳动力 L 增速、TFP 增速。

(二)新熊彼特学派

新古典学派将技术创新看成一个"黑箱",并不关心"黑箱"内部的运作。新熊彼特学派则秉承熊彼特传统,强调技术创新和技术进步在经济增长中的核心作用,将技术创新视为一个复杂的过程,重视"黑箱"内部运作机制的研究,代表人物有曼斯菲尔德、卡曼、施瓦茨等。曼斯菲尔德对技术创新的推广问题进行了深入研究,分析了新技术在同一部门推广的速度和影响其推广的各种经济因素,建立了新技术推广模式。卡曼、施瓦茨等从垄断与竞争的角度对技术创新进行研究,把市场竞争强度、企业规模、垄断强度三个因素综合于市场结构中来考察,提出了最有利于技术创新的市场结构模型。他们认为,在完全竞争条件下,企业的规模一般较小,缺少持久保障技术创新的资源和控制能力,因此难以产生较大的技术创新;而在完全垄断的条件下,垄断企业虽然有能力进行创新,但由于缺乏竞争对手,企业创新的动力不足。因此,最有利于创新的市场结构应该是介于垄断和完全竞争间的所谓"中等程度竞争"市场结构。

新熊彼特学派关于创新动力机制的五种模式如表2-1所示。

表2-1 新熊彼特学派关于创新动力机制的五种模式

模式	模式内容
技术推动模式	一个成功的创新者可以替换其所在部门中的旧产品,直至它本身被下一个创新者所替代
需求拉动模式	人们想解决经济问题或利用经济机会的动机构成了创新的重要动力,市场需求才是推动技术创新的关键因素

续表

模式	模式内容
"推—拉"综合作用模式	科技创新活动是由需求和技术共同驱动的,需求决定了科技创新者从事创新活动可能获得的报酬水平,技术则决定了从事创新活动可能获得成功的概率和成本
技术轨道模式	企业在技术创新时具体的创新方向并不是随机的,而是受到其自身认知特征所限制,处在特定的技术范式和技术轨道上。因此,企业的每一次科技创新都是基于其在特定技术轨道上科技知识的不断积淀,从而使该企业获得了一种区别于其他企业的专业化竞争优势
"NR瓶颈"模式	技术创新的根本动因来自现有的社会资源(Resource)不能完全满足社会需求(Need),从而社会需求与社会资源就存在着所谓的"NR瓶颈",企业从"NR瓶颈"中发现科技创新需求,根据企业自身特点制定科技创新的战略和具体计划,然后筹备创新所必需的资金、技术和市场资源,进而开展创新活动

(三) 制度创新学派

著名的"制度主义经济学"代表人物L.戴维斯和D.诺斯在其合著的《制度变革和美国经济增长》一书中强调,制度创新是一个复杂而艰难的过程。之所以制度上的创新如此复杂艰难,是因为新旧制度一定有一个交替和适应的过程,一种新制度的出现一定要受到现存法律规定的制约等。L.戴维斯和D.诺斯进一步把制度创新的全过程划分为五个阶段:一是形成"第一行动集团"阶段。"第一行动集团"是指那些能预见到潜在市场经济利益,并认识到只要进行制度创新就能获得这种潜在利益的人。他们是制度创新的决策者、首创者和推动人。二是"第一行动集团"提出制度创新方案的阶段。在提出制度创新方案的前提下,再进入下一阶段的创新活动。三是"第一行动集团"对已提出的各种创新方案进行比较和选择的阶段。比较选择的目的,在于获得最大利益。四是形成"第二行动集团"阶段。"第二行动集团"是指在制度创新过程中帮助"第一行动集团"获得经济利益的组织和个人。这个集团可以是政府机构,也可以是民间组织和个人。五是"第一行动集团"和"第二行动集团"协作努力,来实施制度创新并将制度创新变成现实的阶段。该学派运用新古典经济学理论中的一般静态均衡和比较静态均衡方法,对技术创新的制度环境进行分析,认为创新的个人收益和社会收益存在巨大差异,必须建立一种有效的制度,提高个人收益率,使其接近社会收益水平,技术创新才能大规模出现,从而推动经济增长。制度创新的具体形式包括股份公司制度、社会保障制度、工会组织、产权制度等。

(四)国家创新系统学派

受 Schumpeter 和 List 所提出的国家生产系统(National Systems of Production)等思想启发,Freeman 和 Lundvall 使用了国家创新系统概念。Freeman 在 1987 年《技术政策与经济绩效:日本国家创新系统的经验》一书中首次正式使用了国家创新系统概念。此后,Freeman 在其著作《国家创新系统——建构创新和交互学习的理论》中更加深入地阐释了早期的思想。Nelson 基于实证案例研究所著的《国家创新系统:比较分析》是关于国家创新系统方法的另一部重要著作,主要聚焦于国家 R&D 系统的分析。

国家创新竞争力中的创新投入一般是指 R&D 投入。Trajtenberg 指出,进行 R&D 投资从传统意义上被认为是确保技术创新和经济增长的重要战略之一。目前,有关 R&D 投入与经济增长之间关系的研究表明,R&D 投入能够促进全要素生产率提高,进而带动国家经济增长。基于企业层面,国外许多学者的研究显示 R&D 投入对生产率具有显著促进作用。其中,多数实证研究以 Crepon、Duguet 和 Mairesse 于 1998 年提出的 CDM 模型为框架建立创新投入、创新产出和生产率三者间的关系。Coe 和 Helpmall 以 22 个 OECD 国家为样本的研究显示,本国及贸易伙伴国的 R&D 支出对全要素生产率增长的贡献率大约为 50%。Dominique Guellec 和 Bruno(2001)基于 16 个 OECD 国家面板数据分析 R&D 与生产率增长之间的关系,研究中,将 R&D 投入进一步细分为本国企业 R&D 投入、公共 R&D 投入和外国企业 R&D 投入。

四、波特国家发展阶段理论

波特认为,国家经济发展具有阶段性,在不同的发展阶段,驱动经济增长的关键力量是不同的,国家竞争优势的发展可分为四个阶段,即要素驱动阶段、投资驱动阶段、创新驱动阶段和财富驱动阶段。其中，要素驱动阶段是以自然资源、廉价劳动力等初级生产要素作为经济发展的主要推动力，这类依靠自然禀赋发展的模式具有很强的替代性，后发国家或地区一旦进入这一发展阶段，该国的优势会很快丧失。投资驱动阶段是以资本投资作为经济发展主要推动力，这一阶段主要依赖国外的技术、设备和关键零部件，主要特点是消耗大量的自然资源、环境污染加剧。创新驱动阶段是以创新作为经济发展的主要推动力，经济发展涉及的各个领域相继都出现创新要素，技术进步使劳动效率和资源效率不断提高，经济增长的质量大幅提升。财富驱动阶段是经济逐渐走入衰退的阶段。

对于经济发展阶段演变理论，哈佛大学教授约瑟夫·奈也指出，与传统增长模式相比较，创新驱动型增长模式就是知识和创意等创新要素代替自然资源和有形的劳动生产率成为财富创造和经济增长的主要源泉和动力；创新驱动型的经济增长是一种结构性的增长，它消除了经济发展中普遍存在的要素报酬递减、稀缺资源以及负外部性等制约因素，从而为经济持续稳定增长提供了可能。

世界经济论坛将创新作为区分国家的新标准，并指出"一个经济体要想在未来实现繁荣，创新就显得尤为关键。预计'发达'和'欠发达'国家之间的传统界限将逐步消失。相反，会更多使用'创新丰富'和'创新贫乏'这样的标准来区分这些国家。"因此，创新驱动成为保证经济健康、可持续发展的"发动机"。

《全球竞争力报告》中也将处于不同发展阶段的国家和地区按照人均 GDP 的差异分成了 5 大类，在不同的阶段，经济增长的驱动力不同。人均 GDP 在 2000 美元以下是要素驱动阶段；在 2000~3000 美元是要素驱动向效率驱动过渡阶段；在 3000~9000 美元是效率驱动阶段；在 9000~17000 美元是效率驱动向创新驱动过渡阶段；在 17000 美元以上是创新驱动阶段。根据这个划分，2015 年，中国的人均 GDP 接近 8000 美元，尚处于效率驱动发展的阶段。

五、国家创新（系统）理论

国家创新理论最早可以追溯到德国经济学家李斯特，他从国家的角度而不是从个体的角度对经济发展问题进行分析,把"生产力"界定为由一系列科学技术、国民素质、社会政治状况及现有物质条件等因素构成的综合体,强调不同国家的历史条件、文化传统、地理环境、自然资源及国际背景等对于一国经济发展战略选择的决定性影响。国家创新学派的代表人物有 Freeman、Nelson 等,他们对创新理论加以补充完善,逐渐形成了以创新理论为基础的创新经济学理论体系,包括区域创新理论、产业创新理论及企业创新理论等分支。

(一) 区域创新理论

区域创新理论的代表学者弗尔德曼等认为,知识的地理集中有利于信息搜寻、增大搜寻强度和任务合作;地理实际上是一个为新产品商业化过程提供所需不同知识的组织;创新是一个由多维空间因子决定的复杂地理过程;国家或区域内的空间和文化邻近性及相互联系,使得创新主体在创新要素的获得、交流中更容易取得创新的成功。

(二) 产业创新理论

产业创新理论源于对产业革命的研究,随着熊彼特创新理论的提出而萌芽。20世纪60年代,坎宁安首次提出"产业创新"一词,70年代 Freeman 和苏特提出产业创新应包括技术和技能创新、产品创新、流程创新、管理创新和营销创新,奠定了产业创新理论发展的基础。从总体上看,科技突破是产业创新思想第一位的外部来源,科技突破不仅仅指科学技术上的发明、发现,它的内涵还扩展到能用于生产的科研成果的问世。科技突破和技术创新的高级形式是技术革命,产业创新的高级形式是产业革命。

新一轮科技革命和产业变革,将为经济社会发展提供新的技术手段、要素条件和组织方式,使传统经济模式变革具备了现实基础。新一轮科技革命和产业变革与我国发展方式转变形成了历史性交汇,这是我国实现经济转型的难得机遇。生产和组织方式将会发生深刻变革,全球竞争与合作已成为当代科技创新的潮流,现代产业体系也是在创新中形成核心竞争力。产业创新也成为世界各国争夺竞争主导权的前沿地带。

(三) 企业创新理论

企业作为市场创新最重要的主体，要通过科学和技术的不断进步，对生产要素进行重新组合。而在生产函数公式中，决定产量的因素由两部分组成：一方面，生产要素投入；另一方面，全要素生产率提高。生产要素投入包括劳动投入、资本投入、土地等资源投入、环境投入、企业家管理投入、政府管理投入等方面。随着社会的进步，技术成为越来越重要的生产要素，对经济发展的贡献比率越来越高。技术进步越快，技术水平越高，技术的运用效率越高，则促进经济发展的供给力量越大。企业只有通过技术的升级，提高全要素生产率，才能不断提升企业自主创新能力，形成持续的竞争优势。

近年来，创新经济学得到了深入研究并逐渐付诸实践，美国、欧盟、英国、德国、日本、韩国、俄罗斯等一些发达国家和新兴经济体纷纷制定创新发展战略，通过加大科技创新的力度，促进经济发展转型，推动国家经济社会的持续发展。同时，一些政府或政府间组织以及学术机构开展了一些国家层面的创新评价，如国际管理学院的《世界竞争力年鉴》、世界经济论坛的《全球竞争力报告》，欧盟的《欧洲创新计分牌》《全球创新计分牌》和《创新型欧盟》，OECD的《科学、技术与产业记分牌》等。

六、后发国家的相关创新理论

后发国家的相关创新理论包括美国社会学家M.列维从现代化的角度提出的发展"后发优势"理论，阿伯拉莫维茨提出的"追赶假说"，伯利兹、克鲁格曼和丹尼尔·东提出的"蛙跳"模型，罗伯特·J.巴罗提出的独特的技术模仿函数，R.范艾肯建立的技术转移、模仿和创新的一般均衡模型。

(一) "后发优势"理论

M.列维（M.Levy）从现代化的角度对其进行了拓展，阐述了"后发优势"的五大内容：第一，认识层面，后发国家要比先发国家在自己开始现代化时对现代化的认识丰富得多。从发展伊始，后发国家对工业化和现代化的认识程度比发达国家在本国工业化发展开端时的认识程度要高，主要表现在通过发达国家实践经验能够得到更为丰富的认知且在开端时期就重视现代化发展并直接引介发达国家的经验。第二，制度层面，后发国家可以大量采用和借鉴先发国家成熟的计划、技术、设备及与其相适应的组织结构。发达国家在其工业化和现代化进程中逐渐形成了诸多行之有效的政策、组织构架和制度设计，这些都能够保障一国工业化和现代化的良性运转，后发国家可以通过引介并创新直接在本国加以运用。第三，技术层面，后发国家可以跳越先发国家的一些必经发展阶段，特别是在技术方面。比如后发国家可以引介先发国家在发展中不断发明创造、优化成熟的高新技术，节省高新技术研发产生的大量经费，跨越其研发所需的大段时间，从而在较短期内实现赶超，迅速推进其工业化和现代化进程。第四，路径层面，由于先发国家的发展水平已达到较高阶段，可使后发国家对自己的现代化前景有一定的预测。随着后发国家的工业化和现代化发展，其向前推进的路径就显得极为重要，在这一层面，发达国家早已迈过了选择的岔路口，而已经被证实成功的道路往往就是后发国家继续发展的方向。第五，合作层面，先发国家可以在资本和技术上对后发国家提供帮助。与发达国家在工业化开端的孤立无援不同，后发国家可以通过外交等手段得到来自发达国家的帮助，从而更快地实现经济赶超。

（二）"追赶假说"

阿伯拉莫维茨（Abramovitz）在1989年提出了"追赶假说"（the Catch-up Hypothesis），他认为工业化水平相对落后的国家具有一种潜在的迅速增长的可能性，无论是以劳动生产率还是以单位资本收入衡量，一国经济发展的初始水平与其经济增长速度都呈反比关系。

（三）"蛙跳"模型

伯利兹（Brezis）、保罗·R.克鲁格曼（Paul R.Krugman）、丹尼尔·东（Daniel

Tsiddon）在1993年以18世纪英国超过荷兰、19世纪末美国和德国超过英国等发展实践的考察为切入点，提出了发展中国家利用后发优势实现跨越某些技术阶段的"蛙跳"模型。模型以最简明的美国—英国制造业为例着手分析，通过"基本模型—短期均衡—某一技术时代动态发展—实现蛙跳"的过程分析"蛙跳"。某项技术相对落后的后发国家通过贸易成功学习先进技术从而实现"蛙跳"的过程中，会伴随着侵害先发国家的贸易（如表现为先发国家的顺差减少或逆差），而这种侵害恰成为理解"蛙跳"模型的有效途径。后发国家实现一轮"蛙跳"的整个过程可分为三个阶段：第一阶段，先发国家与后发国家之间工资成本差异足够大，先发国家技术水平因技术惯性锁定于某一范围，后发国家尚未对先发国家进行技术赶超，w/w★值（以工资比率作为相对优势的标志性指标）曲线相对平稳，即两方的平均工资率保持于比率（w/w★）。第二阶段，通过贸易，先发国家产品流入后发国家市场，后发国家从先发国家获得"技术外溢效应"（或说"学习效应"），由于存在工资成本差异，先发国家更倾向于采用原技术，而后发国家则更倾向于采用新技术，而新技术必然需要新工种，由于稀缺性其工资成本必然提高，w/w★值相应减少，曲线逐步下降，待后发国家对先发国家技术学习到一定程度时，会进入一段时期的平稳状态，但此时后发国家还没有实现技术的完全掌握。第三阶段，随着技术进步继续深化，后发国家对先发国家的技术终会实现全面掌握，这种状况会使情况发生逆转，开始进入"蛙跳"上升阶段，因为完全掌握新技术意味着技术在后发国家的全面覆盖和普及，此时相关技术工种不再稀缺，相应工资也逐步减少（或说回归），曲线发生较快增长或陡然上升，接着进入相对平稳期，即准备进入下一轮"蛙跳"阶段。这便是后发国家对于先发国家通过贸易实现技术模仿的"蛙跳"全过程，从一个重要视角证明了后发国家可以发挥后发优势实现赶超发展。

（四）技术外溢、技术转移和创新均衡模型

"技术外溢"（Technology Spillovers）是指国家之间进行贸易时，自然而然输出技术的结果。它与技术创新不同，不需要大量投资和研究，因此它是发展中国家技术进步的重要途径。罗伯特·J.巴罗（Robert J.Barro）的主要观点是：因为研究成

果的模仿和实施比创新更便宜,所以追随经济体倾向于追赶上领先经济体。这里的追随经济体即为经济赶超中所指的后发国家,而领先经济体即为先发国家。思路是先研究领先国家的创新者的行为,再研究追随国家的模仿者的行为。20 世纪 80 年代后期,克鲁格曼和卢卡斯(Krugman and Lucas,1988)分别讨论了技术外溢问题。R. 范艾肯(R. Van Elkan)承认存在技术扩散和外溢效应,并建立了开放经济条件下技术转移、模仿和创新的一般均衡模型,从南北国家间经济发展程度差异着手,强调经济欠发达国家可以通过技术的模仿、引进和创新,最终实现技术和经济水平的赶超,结果导致南北国家经济发展的趋同。技术模仿所可能带来的生产效率的提高取决于国别之间技术的初始差距,而技术转移、模仿和创新的有效程度取决于后发国家"干中学"(Learning by Doing)的能力和经验的积累。全球化的分工中,"干中学"已经细化为"干"与"学"的国别分离,即发展中国家在"生产加工"中学,发达国家在"设计开发"中学。

(五)技术创新与动态比较优势

格罗斯曼和赫尔普曼(Grossman and Helpman,1990)在罗默的内生增长理论的基础上构造了一个动态的两国贸易模型。他们首先分析了水平产品创新时动态比较优势的差异,将产业内贸易放在动态框架下分析,证明了贸易模式是由各国研发出的新技术数量决定的。或者说,比较优势随着研发投资水平而动态演进。具体地说,每一个时点上的贸易格局都取决于各国企业所拥有的科研项目的数量。长期而言,贸易模式随着各国企业家所研发的新技术的数量而演进,而新技术又取决于各国 R&D 投资的规模。

由此,也有结论得出后发国家,特别是新兴大国目前正面临着人口红利逐步消失、资本报酬日益递减的严重挑战,原有的经济增长模式亟须转变。新兴大国必须以提高全要素生产率为出发点,把经济发展建立在创新驱动的基础上,尽快通过优化投资结构,改革人才培养机制、资源配置机制和技术研发机制,全面提升全要素生产率,促进经济增长从要素驱动型向创新驱动型转变,实现新兴大国的经济转型和可持续增长。

七、全球正推动加快以创新为导向的国民经济核算改革

世界银行研究发现,"人力资本和制度的价值是所有国家最大的财富"。数据显示,在高收入的 OECD 国家中,无形资本在国民总财富中所占比例达到 80%。以美国为例,其自然资源只占其全部财富的很小一部分——通常是 1%~3%,但是这些自然资源与机械设备、人力资本、科学技术,以及强大的产权结合起来就生产出更大的价值。而相比之下,低收入国家的自然资源和无形资本绝对量都处于较低水平。因此,把无形资本纳入国家资产负债表核算中,用人力资本、知识(教育)资本等来抵消自然资源的消耗、通货膨胀的折损及经济增速的下滑,并提高国民财富和经济增长质量是不可逆转的大趋势。

2013 年 7 月 31 日,美国商务部下属的经济分析局(BEA)公布了新的 GDP 统计方式,将研发(R&D)支出、娱乐文化支出及退休金等指标纳入新的 GDP 统计之中,成为全球率先践行 SNA-2008 国民经济核算新标准体系的国家,也对全球经济未来发展趋势产生新的引领作用。

此外,日本政府宣布将于 2016 年采用新的 GDP 核算标准。根据日本内阁府统计,如果将研发费用纳入 GDP,日本的名义 GDP 有望被推高约 15 万亿日元。欧盟、澳大利亚和加拿大都开始采用加上研发费用后的新国民经济核算标准。中国国家统计局也把新经济统计核算体系纳入行动日程。

第二节　习近平关于创新理论战略思想的阐释及其战略重点

党的十八大以来,以习近平同志为核心的党中央高度重视科技创新,强调科技创新是提高社会生产力和综合国力的战略支撑,必须摆在国家发展全局的核心位置。习近平总书记在 2016 年"两会"时提出"创新是引领发展的第一动力"的重要论

断，在外出考察中反复强调解决中国发展深层难题"根本出路就在于创新""抓创新就是抓发展，谋创新就是谋未来"，要采取更加有效的措施，"把创新引擎全速发动起来"，并站在历史的高度提出"实施创新驱动发展战略决定着中华民族前途命运"。创新驱动发展战略是引领新常态的根本前提，是全面建成小康社会的根本保障，更是实现中华民族伟大复兴的根本支撑。

一、深刻把握创新驱动发展战略提出的时代背景

（一）世界主要国家创新战略升级强化，要求我们及时做出有力回应

习近平总书记指出，国际金融危机发生以来，世界主要国家抓紧制定新的科技发展战略，抢占科技和产业制高点，这一动向值得我们高度关注。过去七年，美国围绕重振本土制造业，先后推出《重振美国制造业框架》《美国制造业促进法案》《先进制造伙伴计划》《先进制造业国家战略计划》《制造创新国家网络》等战略部署，力促再工业化，我国高端制造业面临"回流压力"；与此同时，其他发展中国家竞相加快工业化进程，依托要素成本优势积极扩大制造业份额，我国中低端制造业又面临"分流压力"。国际产业分工格局进入重塑期，中国在创新战略上必须做出有力回应，只有以最大决心和力度提升国家创新能力，打破长期被压制在全球价值链低端的困境实现向上爬升，才能从容应对"回流压力"和"分流压力"的双重挤压。

（二）新一轮技术革命孕育兴起，提供了宝贵的发展机遇

当前，一批重要科学问题和关键核心技术呈现出革命性突破的先兆，战略新兴产业成为引领全球经济发展的主要增长点，谁动作快谁就能抓住先机。习近平总书记对此高度重视，他指出，综合起来看，现在世界科技发展有这样几个趋势：一是移动互联网、智能终端、大数据、云计算、高端芯片等新一代信息技术发展将带动众多产业变革和创新；二是围绕新能源、气候变化、空间、海洋开发的技术创新更加密集；三是绿色经济、低碳技术等新兴产业蓬勃兴起；四是生命科学、生物技术

带动形成庞大的健康、现代农业、生物能源、生物制造、环保等产业。全球经济进入传统产业衰退、新兴产业勃兴的技术范式变革期，抓住了就是机遇，抓不住就是挑战。对此，习近平总书记充满忧患意识地指出，新科技革命和产业变革将重塑全球经济结构，就像体育比赛换到了一个新场地，如果我们还留在原来的场地，那就赶不上趟了。我们必须敏锐把握世界科技创新发展趋势，不能等待、不能观望、不能懈怠。

（三）我国面临跻身创新型国家行列的紧迫任务，须构建以创新为基石的新型国家竞争优势，参与全球产业分工

习近平总书记指出，老路走不通，新路在哪里？就在科技创新上，就在加快从要素驱动、投资规模驱动发展为主向以创新驱动发展为主的转变上。《国家中长期科技发展规划纲要》首次提出2020年进入创新型国家行列的奋斗目标，党的十八大再次强调"科技进步对经济增长的贡献率大幅上升，进入创新型国家行列"，十八届五中全会进一步把"迈进创新型国家和人才强国行列"作为2020年全面建成小康社会新的目标要求。创新是引领发展的第一动力，要求我国以创新型国家的姿态参与世界生产体系，在价值链的高端与发达国家并驾齐驱。

二、准确领会创新驱动发展战略的重大现实意义

（一）创新驱动发展战略是适应新常态、把握新常态、引领新常态的必然要求

习近平总书记深刻地指出，新常态下，我国经济发展表现出速度变化、结构优化、动力转换三大特点，增长速度要从高速转向中高速，发展方式要从规模速度型转向质量效率型，经济结构调整要从增量扩能为主转向调整存量、做优增量并举，发展动力要从主要依靠资源和低成本劳动力等要素投入转向创新驱动。

这是当前和今后一个时期我国经济发展的大逻辑，如果我们深入思考新常态下

诸多经济特征的内在联系，可以发现"动力转换"是主要矛盾和重中之重。只有把创新这个引领发展的第一动力构建起来，才能实现增长保持中高速、产业迈向中高端、发展方式转向质量效率、经济结构做优增量，最终实现引领新常态的重要目标。

（二）创新驱动发展战略是跨越"中等收入陷阱"，确保全面建成小康社会的必然要求

世界银行2006年首提"中等收入陷阱"的概念并给出了这样的定义："特定发展战略使各经济体从低收入经济体成长为中等收入经济体，对于它们向高收入经济体攀升是不能够重复使用的，进一步的经济增长被原有的增长机制锁定，人均GDP难以突破一万美元的上限，一国很容易进入经济增长阶段的停止徘徊期。"回顾1960年以来世界经济发展历程，全球124个国家或地区中只有12个经济体成功跨过了"中等收入陷阱"，且除日本外均属小型经济体。

目前，我国人均GDP接近8000美元，处于跨越"中等收入陷阱"的紧要关头，须慎重构思跨越"陷阱"的战略和路径。对此，习近平总书记提出，我们在国际上腰杆能不能硬起来，能不能跨越"中等收入陷阱"，很大程度上取决于科技创新能力的提升。成功迈入高收入行列的经济体无一例外地表明，只要实现以创新为持续发展的第一驱动力，以国家创新能力为基石参与全球价值链分工，以高强度的研发努力和技术进步创造一个新的增长空间和增长周期，就一定能够跨越"中等收入陷阱"。

（三）创新驱动发展战略是从经济大国走向经济强国，实现中华民族伟大复兴的中国梦这个百年目标的必然要求

习近平总书记指出，实施创新驱动发展战略决定着中华民族前途命运，没有强大的科技，"两个翻番""两个一百年"的奋斗目标难以顺利达成，中国梦这篇大文章难以顺利写下去，我们也难以从大国走向强国。中华民族伟大复兴断然离不开科技创新实力的支撑，历史事实充分地证明了这一点。习近平总书记经常强调中国近

代史上遭遇的沉痛教训，一个国家长期落后归根到底是由于技术落后，而不取决于经营规模大小。历史上，我国曾长期位居世界经济大国之列，经济总量一度占到世界的1/3左右。但由于技术落后和工业化水平低，近代以来屡屡被经济总量远不如我们的国家打败，为什么会这样？我们不是输在经济规模上，而是输在科技落后上。

面对这些历史经验，把科技创新摆在国家发展全局的核心位置是意义重大的战略抉择，是从经济大国走向经济强国的关键部署。习近平总书记指出，今天，我们比历史上任何时期都更接近中华民族伟大复兴的目标，比历史上任何时期都更有信心、有能力实现这个目标。而要实现这个目标，我们必须坚定不移贯彻科教兴国战略和创新驱动发展战略，坚定不移走科技强国之路。

三、扎实践行创新是引领发展第一动力的战略思想

（一）创新是引领发展的第一动力，抓创新就是抓发展，谋创新就是谋未来

习近平总书记在2015年的"两会"上，首次提出了这一重要论断，他指出，创新是引领发展的第一动力。抓创新就是抓发展，谋创新就是谋未来。适应和引领我国经济发展新常态，关键是要依靠科技创新转换发展动力。2015年7月在长春座谈会上，习近平总书记再次强调，要深入实施创新驱动发展战略，把推动发展的着力点更多放在创新上，发挥创新对拉动发展的乘数效应。抓创新就是抓发展，谋创新就是谋未来，不创新就要落后，创新慢了也要落后，要激发调动全社会的创新激情，持续发力，加快形成以创新为主要引领和支撑的经济体系和发展模式。

（二）惟改革者进，惟创新者强，惟改革创新者胜，向创新要活力、要动力、要出路、要效益

2008年金融危机爆发之后，各国经济增长过于依赖财政刺激和非常规货币政策

支撑，一旦财政刺激由于债务压力难以为继，或者非常规货币政策迎来紧缩拐点，经济增长就会面临增长动力"真空期"挑战。对此，习近平总书记指出，后国际金融危机时期，增长动力从哪里来？毫无疑问，动力只能从改革中来、从创新中来、从调整中来。我们要创新发展理念，从传统的要素驱动、出口驱动转变为创新驱动、改革驱动，通过结构调整释放内生动力。在新一轮全球增长面前，惟改革者进，惟创新者强，惟改革创新者胜。我们要拿出敢为天下先的勇气，锐意改革，激励创新，积极探索适合自身发展需要的新道路、新模式，不断寻求新增长点和驱动力。

（三）创新驱动是企业、园区和区域突围困境、持续发展、市场制胜的根本出路

由于过去粗放增长惯性和体制机制约束，企业转型升级不易，高新园区二次创新不易，部分经济增长困难的资源型区域转变发展模式同样不易。正如习近平总书记所指出的，老是在产业链条的低端打拼，老是在"微笑曲线"的低端摸爬，总是停留在附加值最低的制造环节而占领不了附加值高的研发和销售这两端，不会有根本出路。

如何突围困境？如何持续发展？如何制胜市场？习近平总书记指出，无论是区域、产业还是企业，要想创造优势、化危为机，必须敢打市场牌、敢打改革牌、敢打创新牌，并在一系列重要讲话中提出了具体要求。企业层面，要支持和引导创新要素向企业集聚，不断增强企业创新动力、创新活力、创新实力。掌握了一流技术，传统产业也可以变为朝阳产业，要深入实施以质取胜和市场多元化战略。园区层面，高新区是科技的集聚地，也是创新的孵化器。看一个高新区是不是有竞争力，发展潜力大不大，关键是看能不能把"高"和"新"两篇文章做实做好。高新区要择优引入企业和项目，不能装进篮子都是"菜"。区域层面，深入推进东北老工业基地振兴，抓住创新驱动发展和产业优化升级，努力形成特色新兴产业集群，形成具有持续竞争力和支撑力的产业体系，把老工业基地蕴藏的巨大活力激发出来、释放出来。

(四)"跟跑""并跑""领跑"并重,塑造更多依靠创新驱动、发挥先发优势的引领型发展

中华人民共和国成立以来,甚至追溯到中国近代史上工业化的早期阶段开始,注重发挥后发优势和"师夷长技",迅速学习吸收世界先进科技成果为我所用,一直是中国的技术追赶策略。但随着我国科学水平、技术水平、产业水平日益提高,和世界先进水平的"技术差距"快速缩小,后发优势也进入扬弃阶段,塑造先发优势成为迫切需求。对此,习近平总书记指出,经过长期努力,我们在一些领域已接近或达到世界先进水平,某些领域正由"跟跑者"向"并行者""领跑者"转变,完全有能力在新的起点上实现更大跨越,我国广大科技工作者一定要有这个信心和决心。十八届五中全会也提出,必须把发展基点放在创新上,形成促进创新的体制架构,塑造更多依靠创新驱动、更多发挥先发优势的引领型发展。

(五)世界经济可持续发展的动力源自创新

创新是引领发展的第一动力,这个论断同样适用于世界经济。当前,世界经济普遍面临增长乏力困境,财政刺激难以为继,货币政策有效性广受争议,"世界经济长期停滞风险"话题被广为讨论。习近平总书记认为,世界经济长远发展的动力源自创新,总结历史经验,我们会发现,体制机制变革释放出的活力和创造力,科技进步造就的新产业和新产品,是历次重大危机后世界经济走出困境、实现复苏的根本。新一轮科技和产业革命正创造历史性机遇,催生"互联网+"、分享经济、3D打印、智能制造等新理念、新业态,其中蕴含着巨大商机,正创造巨大需求,用新技术改造传统产业的潜力也是巨大的。世界各国应该更加倚重创新政策重建增长动力。

四、坚定不移地走"中国特色自主创新道路"

（一）"核心技术是买不来的"，独立自主是中国特色自主创新道路的基本要求

过去30余年，中国经济存在两个技术"痛点"持续未能解决，一是重大核心技术缺位，二是"引进—落后"怪圈，这是构成中国经济大而不强的主要瓶颈，也是中国特色自主创新道路必须解决的历史难题。习近平总书记指出，总体上看，关键领域核心技术受制于人的格局没有从根本上改变，只有把核心技术掌握在自己手中，才能真正掌握竞争和发展的主动权，才能从根本上保障国家经济安全、国防安全和其他安全。不能总用别人的昨天来装扮自己的明天，不能总是指望依赖他人的科技成果来提高我们自己的科技水平，更不能做其他国家的技术附庸，永远跟在别人的后面亦步亦趋。习近平总书记还十分重视重引进、轻消化导致的"引进—落后—再引进"恶性循环，认为当今世界技术更替周期越来越短，今天是先进技术，不久就可能不先进了，一味靠技术引进，断然无法摆脱跟着别人后面跑、受制于人的局面。因此，我们不能对发达国家的高新技术心存幻想，形成技术依赖症，没有别的选择，惟有自力更生，独立自主，坚定不移地走中国特色自主创新道路。

（二）发挥"新型举国体制优势"，采取非对称追赶战略补强创新短板

贯彻创新驱动发展战略，要树立"道路自信"，发挥"道路优势"，用好举国体制优势这个法宝。习近平总书记指出，坚定不移走中国特色自主创新道路，这条道路是有优势的，最大的优势就是我国社会主义制度能够集中力量办大事，这是我们成就事业的重要法宝，过去我们搞"两弹一星"等靠的是这一法宝，今后我们推进创新跨越也是要靠这一法宝。在十八届五中全会上，习近平总书记再提发挥市场经济条件下"新型举国体制优势"，集中力量、协同攻关，为攀登战略制高点、提高我国综合竞争力、保障国家安全提供支撑。与西方国家相比，我国社会主义市场经济体制更善于动员资源，协同各方，形成推进自主创新的强大合力。在关键领域和卡

脖子的地方，可以依托"新型举国体制优势"，采取非对称战略和超常规手段，以更快步伐补强创新短板。

（三）在战略必争领域力求突破，掌握创新和发展的主动权

科技创新存在一些战略必争领域，这是科技话语权、发展主动权、国家硬实力的根本标志和根基所在。习近平总书记强调，要准确把握重点领域科技发展的战略机遇，选准关系全局和长远发展的战略必争领域和优先方向，通过高效合理配置资源，深入推进协同创新和开放创新，构建高效强大的共性关键技术供给体系，努力实现关键技术重大突破，把关键技术掌握在自己手里。

围绕在战略必争领域摆脱关键技术受制于人的目标，中央部署了三项举措：一是以更大的决心和力度推进已有的16个国家重大科技专项，包括高端通用芯片、集成电路装备、宽带移动通信、高档数控机床、核电站、新药创制等关键核心技术，争取出一批代表国家水平的战略性技术和战略性产品。二是启动"科技创新2030——重大项目"，以2030年为时间节点，选择一批体现国家战略意图的重大科技项目，包括航空发动机、量子通信、智能制造和机器人、深空深海探测、重点新材料、脑科学、健康保障等领域，构建更加长远的战略竞争力，为21世纪中后叶中华民族实现引领型发展前瞻布局。三是围绕国家使命和国际科技前沿布局一批实力更加雄厚、学科交叉融合的国家实验室。国家实验室是抢占科技创新制高点的重要载体，我国要在科学研究、技术开发、工程化与成果转化等全创新链条强化部署。

（四）抓住科技革命机遇建设制造强国、网络强国、数据强国

制造强国是中国人民的百年梦想，如今我国制造业产出全球占比接近1/4，稳居世界首位，我们具备雄厚的物质基础和客观条件向制造强国进军。习近平总书记在沈阳考察时提出，实体经济是国家的本钱，要发展制造业尤其是先进制造业。随后在郑州考察时进一步强调，中国是装备制造业大国，但同发达国家相比还有差距，实现中国梦，装备制造业这个基础必须打牢。装备制造业的核心是技术创新，一个国家综合实力的核心还是技术创新，不掌握科技创新最灵魂、最根本的东西，就掌

握不了国家科技事业发展的命运。令人振奋的是，中国制造强国战略已经迈开坚实步伐，并提出了"三步走"的宏伟目标：第一步，要在 2025 年跻身于世界制造强国行列；第二步，要在 2035 年达到世界制造强国阵营中的中等水平；第三步，中华人民共和国成立 100 年的时候，在世界制造强国阵营中要位居前列，建成全球领先的技术体系和产业体系。

近几年，互联网、大数据、云计算、物联网共同构成一组高度活跃的新兴产业簇群，以迅疾之势重塑着人们的生活方式、企业生产方式、国家治理方式、国家之间的竞争博弈方式。网络成为没有界限边疆的新型战略空间，大数据则成为信息经济时代宝贵的生产要素和国家的战略性资产，被视为"未来的石油"。习近平总书记对此高度重视，他在世界互联网大会演讲中指出，互联网日益成为创新驱动发展的先导力量，深刻改变着人们的生产生活，有力推动着社会发展。在中央网络安全和信息化领导小组会议上，习近平总书记强调，信息资源日益成为重要生产要素和社会财富，信息掌握的多寡成为国家软实力的重要标志。中国将抓住数字化转型的历史潮流，大力建设网络强国和数据强国。

（五）"功以才成，业由才广"，"人口质量红利"是创新驱动发展战略的最大优势和最富资源

创新驱动发展战略的核心是人才驱动，综合国力竞争说到底是人才竞争，谁能培养和吸收更多优秀人才，谁就能在竞争中占据优势。习近平总书记对中国人力资源优势非常重视，他提出，"盖有非常之功，必待非常之人"，实现中华民族伟大复兴，人才越多越好，本事越大越好。我国是一个人力资源大国，也是一个智力资源大国，我国 13 多亿人大脑中蕴含的智慧资源是最可宝贵的。

虽然我国人口数量红利开始退潮，但人口质量红利，或者说"人才红利"周期刚刚拉开帷幕，构成创新驱动发展的最有力支撑。第一，从 R&D 人员总量看，2013 年全球 R&D 人员当量达到 1160.2 万人年，中国为 353.3 万人年，占到全球比重高达 30.5%，超过美国 168 万人年的水平，连续 7 年保持世界最大研发队伍。第二，从高质量人才培养看，2010 年全球大学理工科毕业生总量为 550 万人，中国达到 129 万

人，美国为52.5万人，日本为32万人，德国为13万人，中国人才供给规模优势非常突出。第三，从留学人才看，我国已从"人才流失"变为"人才回流"。2001年中国出国留学8.4万人，回国1.2万人，回流比例仅为14.6%；2010年出国留学28.5万人，回国13.5万人，回流比例升至47%；2013年出国留学41.39万人，回国35.35万人，回流比例升至85%。中国出国留学人才环流格局初步形成。最后，由于企业R&D成本中人力成本占比接近50%，我国人才数量、成本双重优势决定了企业R&D成本会大幅低于发达国家。贯彻创新驱动发展战略，必须深挖"人才红利"这座富矿。

五、深入推进创新驱动发展战略须处理好的几个重大问题

（一）打通科技与经济"两张皮"

科技和经济之间的隔阂，是我国创新体系的一个软肋，也是与创新领先国家相比主要的体制机制瓶颈所在。习近平总书记指出，多年来，我国一直存在着科技成果向现实生产力转化不力、不顺、不畅的痼疾，其中一个重要症结就在于科技创新链条上存在着诸多体制机制关卡，创新和转化各个环节衔接不够紧密。就像接力赛一样，第一棒跑到了，下一棒没有人接，或者接到了不知道往哪儿跑。

实施创新驱动发展战略，必须打通从科技强到产业强、经济强、国家强的通道。如何解决痼疾呢？习近平总书记提出，要探索建立高效协同创新体系，加快科技体制改革步伐，解决好"由谁来创新""动力在哪里""成果如何用"三个基本问题，培育产学研结合、上中下游衔接、大中小企业协同的良好创新格局。

（二）用好政府与市场"两只手"

要激活和发挥创新这个引领发展的第一动力，必须处理好政府和市场关系这个基础性问题。习近平总书记在以下三个方向提出了要求和期待：第一，要让市场在资源配置中起决定性作用，同时更好发挥政府作用，用好两个积极性、两种资

源、两个手段。第二，彻底改变政府创新管理方面的九龙治水格局，建设统一的国家科技管理平台。习近平总书记指出，我国科技计划在体系布局、管理体制、运行机制、总体绩效等方面都存在不少问题，突出表现在科技计划碎片化和科研项目取向聚焦不够两个问题上，要彻底改变政出多门、九龙治水的格局。建立统一的国家科技管理平台，为创新驱动发展战略提供体制保障。第三，政府职能要从研发管理转向创新服务，瞄准薄弱环节提供精准政策供给。政府要更加着力抓基础研究、抓战略前沿、抓关键共性技术、抓体现国家意志的领域、抓创新平台和创新服务体系建设。

（三）把握科技创新与全面创新的关系

扎实推进创新驱动发展战略，既要着力科技创新突破，也要着力全面创新推进。习近平总书记指出，推进实践基础上的理论创新、制度创新、科技创新、文化创新以及其他各方面创新，始终把改革创新精神贯彻到治国理政各个环节。要着力以科技创新为中心，全方位推进产品创新、品牌创新、产业组织创新、商业模式创新，把创新驱动发展战略落实到现代化建设整个进程和各个方面。

其中，理论创新是先导，党中央关于制定"十三五"规划的建议中提出五大发展理念，并将创新作为发展理念之首，这是关于创新驱动发展战略的重大理论创新，必将凝聚共识，对社会行为和资源配置产生积极引导。科技创新是核心，是转变发展方式、提升经济质量、提升国家硬实力的直接决定因素。制度创新是保障，是理顺体制机制、增强创新激励、提升创新绩效的关键。文化创新是灵魂，是一个民族保持改革创新氛围的不竭精神动力。

（四）把握全面深化改革与创新驱动发展战略的关系

全面深化改革、创新驱动发展战略是党中央目前最为着力的两大战略举措，如何理解两者之间的内在联系呢？习近平总书记曾经打过一个生动的比方，如果把科技创新比作我国发展的新引擎，那么改革就是点燃这个新引擎必不可少的点火器，我们要采取更加有效的措施完善点火器，把创新驱动的新引擎全速发动起来。因此，我们要下决心破除一切不利于创新驱动发展的屏障和藩篱，强化科技同经济对接、创新成果同产业对接、创新项目同现实生产力对接、研发人员创新劳动同其利益收入对接，形成有利于出创新成果、有利于创新成果产业化的新机制，实现创新、改革、增长三者之间良性循环。

在主动适应和积极引领经济发展新常态当中，虽然面临诸多矛盾叠加的挑战，但我们应该坚信"两个没有变"，一是我国发展仍处于可以大有作为的重要战略机遇期没有变，二是我国经济发展总体向好的基本面没有变。破解发展难题，增强发展动力，厚植发展优势，需要我们准确领会习近平总书记创新驱动发展战略的重要思想，牢牢把握创新是引领发展第一动力的深刻要义，抓住全球新一轮产业革命与我国创新驱动发展战略形成历史性交汇的机遇，把创新摆在国家发展全局的核心位置，让创新贯穿党和国家一切工作，让创新在全社会蔚然成风，以更大的努力参与到全球创新竞赛中去。

第三节　新环境下对"创新"的再认识

综合上述分析，习近平总书记提出的"创新是引领发展的第一动力"，强调了只有转化的科学技术才能成为现实生产力。把握这些论述的实质，有必要探究"创新"的内涵。

到底什么是创新？创新为什么是经济发展的"第一动力"？习近平总书记提出"创新第一动力"这一理论背后的逻辑和现实需求又是什么？整个社会还存在不少盲区和误区，本部分将试图从理论的角度去回答和论证这一重大命题。

学术界关于"创新"的概念有着非常系统完整的研究。创新的概念最早是在1912年由熊彼特在其《经济发展理论》一书中首先提出的。按照熊彼特的观点，创新就是建立一种新的生产函数，把一种从来没有过的关于生产要素和生产条件的"新组合"引入生产体系。此后，各国学者在此基础上，将创新的概念不断拓展。

美国经济学家华尔特·罗斯托首先将"创新"的概念发展为"技术创新",把"技术创新"提高到"创新"的主导地位。Freeman 在 1982 年的《工业创新经济学》修订本中指出,技术创新就是指新产品、新过程、新系统和新服务的首次商业性转化。林恩认为技术创新是"始于对技术的商业潜力的认识而终于将其完全转化为商业化产品的整个行为过程"。美国国家科学基金会(NSF)也从 20 世纪 60 年代开始兴起并组织对技术变革和技术创新的研究,NSF 报告《1976 年:科学指示器》记述"技术创新是将新的或改进的产品、过程或服务引入市场",将模仿和改进引入技术创新的范围。

目前,国际社会关于创新的定义比较权威的有三类。

一是经济合作与发展组织(OECD)对创新的概念进行了明确定义:创新是对新的或者经过重大改进的产品(货物或服务)、流程、营销方法或组织方法、工作机构的结构或外部关系的应用,将重大改进视为创新。

二是联合国经合组织在"学习型经济中的城市与区域发展"报告中提出的"创新的含义比发明创造更为深刻,它必须考虑在经济上的运用,实现其潜在的经济价值。只有当发明创造引入到经济领域,它才成为创新"。

三是美国国家竞争力委员会向政府提交的《创新美国》计划中提出的"创新是把感悟和技术转化为能够创造新的市值、驱动经济增长和提高生活标准的新的产品、新的过程与方法和新的服务"。而现代创新理论认为,创新不是孤立的事件,创新不仅仅是一个发明与发现的过程,而且是一种再创造、更新或改进的过程。创新活动不仅包括科学的、技术的活动,而且包括组织的、财务的和商业的活动。创新贯穿于研究与开发、市场化和技术扩散的任何阶段。

美国创新战略的三次转变进一步拓宽了创新的内涵,深化对创新的认知,更加注重两类创新——一类是技术、产品、过程和商业模式的创新;另一类是体制机制和公共部门的创新。科技创新的优先发展方向也在不断扩大,更加注重产业共性和平台型技术创新,还加大了对先进制造、机器人、精准医疗等新技术和新产业的支持。

2016 年 G20 杭州峰会发布的《G20 创新增长蓝图》更丰富了"创新内涵",指出创新是指在技术、产品或流程中体现的新的和能创造价值的理念。创新包括推出新的或明显改进的产品、商品或服务，源自创意和技术进步的工艺流程，在商业实践、生产方式或对外关系中采用的新的营销或组织方式。创新涵盖了以科技创新为核心的广泛领域，是推动全球可持续发展的主要动力之一，在诸多领域发挥着重要作用，包括促进经济增长、就业、创业和结构性改革，提高生产力和竞争力，为民众提供更好的服务并应对全球性挑战。

基于不断变化的全球科技环境和生产力变革，我们认为，创新不仅包括技术创新，也包括新事业和新价值的创造，是通过整合资源和机会的产品、技术、模式和服务创新。因此，整个创新是一个系统和持续过程，是创新成果顺利地进入生产力系统（技术变革），变革生产关系（制度变革），进而提高经济增长质量和效率，并转化为经济价值的持续过程（经济成长）。

因此，创新作为经济第一发展动力战略是全局性战略，不是局部战略，也不是单纯的科技战略，而是科技与经济、改革与发展紧密结合的战略，是今后我国经济社会发展的一个主脉络，是未来从大国迈向强国的全局战略。

第四节　新常态下供给侧结构性改革的核心在于创新

在中国经济发展面临动能转换的关键时期，中央提出推进供给侧结构性改革，围绕去产能、去库存、去杠杆、降成本、补短板，推出一系列的改革政策措施，就是为了保持中国经济中高速增长。然而，诸多客观因素使传统发展动能下降，创新成为推动供给侧结构性改革的第一动力，只有依靠制度创新和科技创新提供原动力和主动力。供给侧结构性改革的实质是着眼于要素的优化配置与素质提升，体制机制创新与科学技术进步，来发展新主体、培育新动力、塑造新优势，推动社会生产力水平实现整体跃升。对供给侧而言，其面临的困难就是创新不足。

到底是"需求创造供给"，还是"供给创造需求"？这个问题，已经在经济学界争论了数十年了。不同的回答代表着不同的经济增长逻辑，代表着不同的政策取向。人类的需求当然是经济增长动力（内在动力），但这个动力要转化为经济增长还需要供给这个发动机（实现手段）。实现经济发展，最根本在于改进供给手段。

供给侧也就是生产侧，总供给可用生产函数来表示，产量由生产要素投入和全要素生产率共同决定。其中，要素投入是指劳动、资本、自然资源等生产要素"量的增加"；全要素生产率取决于生产要素质的提升，包括技术进步、人力资本提升、生产组织方式改善等。各国经验都表明，要素投入在经济体达到中等收入水平之前，比较容易表现出它的支撑力和对发展的贡献，但其后却要转向衰减。当前中国经济面临的需求侧刺激乏力，供给侧低效供给过剩，明显地表现出有效供给不足。供给侧结构性改革并不是否定需求是经济增长的内在动力，而是要通过生产要素的有效供给和利用来提高供给能力，更好地回应与引导需求，从而推动经济长期发展。

供给侧结构性改革，本质上就是一项生产力的变革，是重大的创新实践，是塑造我国经济生产力的动能。供给侧结构性改革的"三大发动机"，无论是制度变革，还是结构优化，抑或是要素升级，其核心都是创新。要增加关键技术供给，提高基础性技术专利数量，加强产业拐点的研判，尽早部署新兴产业的关键技术研发，有针对性地组织科研力量集中攻关、重点突破，掌握一批关键核心技术，真正让科技创新成为引领发展的第一动力。更重要的是通过体制改革和制度创新，破除束缚创新成为经济发展第一动力的重大制度障碍。我们需更注重以中长期的高质量制度供给统领全局的创新模式，在优化供给侧环境机制中，强调以高效的制度供给和开放的市场空间来激发微观主体创新、创业、创造的潜能，构建、塑造和强化中国经济长期稳定发展的新动力。

第三章

创新作为经济发展第一动力面临的主要问题

我国要实现经济结构的深刻变革,走上创新驱动发展的路子,时间紧迫,任重道远。尤其是目前进入经济新常态时期,我国创新体制改革已进入了深水区,深层次、结构性矛盾日益显现,我国要真正走上创新驱动的发展道路,需要对整个系统结构进行全方位的改革,深层次体现在创新结构的调整,包括创新投入结构调整、创新资源配置结构调整、创新能力结构调整、创新区域结构调整以及创新政策结构调整,通过制度创新来化解结构性问题。

第一节 创新提高尚未真正有效地促进高质量经济增长

一般意义上讲,创新型国家应具备四个基本特征:一是创新投入高,国家的研发投入占 GDP 的比例一般在 2% 以上;二是科技进步贡献率高达 70% 以上;三是自主创新能力强,国家的对外技术依存度指标通常在 30% 以下;四是创新产品多,目前世界上公认的 20 个左右的创新型国家所拥有的发明专利数量占全世界总数的 99%。但就本质而言,科技进步贡献率、研发投入等指标并不能完全代表创新型国家的本质特征。创新型国家的本质特征是经济增长的可持续性。衡量一个创新型国家,还有一个十分重要的尺度就是创新绩效或者是创新促进经济增长水平的高低,也就是创新成果能否很好地被商业化,顺利地进入生产力系统,并转化为经济价值的水平。创新效率不仅体现在创新的投入,还要体现在创新的产出,即经济效率方面。经济效率是技术效率和配置效率的综合反映。创新驱动经济增长动力机制的概念模型如图3-1所示。

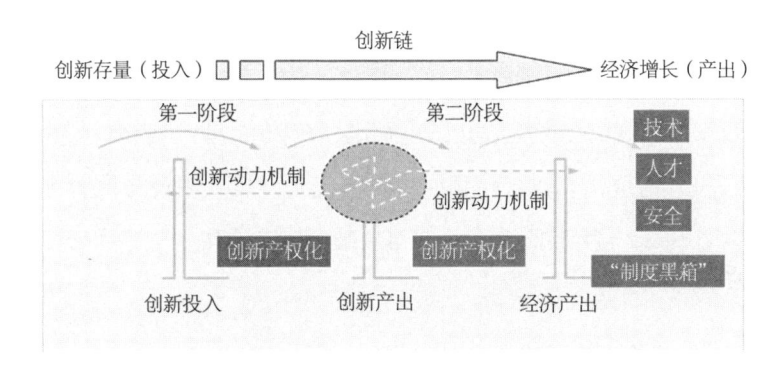

图3-1 创新驱动经济增长动力机制的概念模型

虽然我国创新能力正稳步增强,但总体上看,经济发展仍然主要依靠劳动力和资本投入等要素驱动,创新对经济增长的贡献率不高,真正的技术进步在经济增长中起到的作用较小,且难以弥补传统动力弱化形成的缺口。以经济学界一般通用的全要素生产率(TFP)的增长来衡量技术进步在经济增长中所起到的作用,我国过去30年TFP的增长很少超过2%,对经济增长的贡献率平均不到20%,特别是近年来全要素生产率对经济增长贡献呈下降趋势。中国社会科学院数量经济与技术经济研究所测算认为,1978—2009年TFP对经济增长的贡献率为18.30%。其中,1978—1981年为32.32%,1982—1986年为38.4%,1987—1990年为-41.29%,1991—1999年为48.27%,2000—2009年为13.11%。

我们根据科技部《国家创新指数报告(2014)》中的"科技进步贡献率指数"进一步分析。该指数是衡量科技竞争实力、科技创新成果转化为现实生产力效率的综合性指标。进一步观察"2005—2014年我国创新指数与科技进步贡献率指数"的变化情况,可以发现,伴随国家创新能力的提升,科技进步的作用日趋明显,并对经济增长的贡献呈现出平稳增长的态势。由于"科技进步"是一个开发、转化、储备的过程，对国家经济增长的贡献具有一定的滞后性，通过分阶段观察"我国创新指数与科技进步贡献率指数"的变化，显示国家科技进步贡献率指数的增长速度明显滞后于国家创新指数的增长速度。国家强劲的创新投入、创新环境建设并没有很好地转化为现实经济价值，科技与经济脱节的问题仍然存在，企业创新动力和转化能力的不足是其中的最大瓶颈，尤其是民营企业创新投入不足，也得不到政府创新资源的公平配置，创新动力无法得到充分的释放，并未直接转化为有效的经济增长。而从国际比较来看，我国与其他发达国家相比存在较大差距。当前，美国依旧是全球最大的科技投入与成果转化经济体，中国科技研发投入规模虽位居世界第2位，但研发投入强度不高，创新国际竞争力与创新绩效水平不高。

第二节　制造业创新不足制约我国制造业由大变强

总体来看，我国制造业尚未完全摆脱粗放型、外延式的发展局面，提高创新能力是提高中国制造业竞争力的关键。

一方面，技术创新能力整体薄弱。不少关键技术、核心技术受制于人，一些成套设备、关键零部件、元器件、关键材料，如大规模集成电路、高端芯片、航空航海发动机、高铁机车轮匝轴承、高端数控机床、特殊型号钢材等，还不得不依赖进口。例如汽车行业，一汽、上汽、东风等我国汽车龙头企业虽然进入了2013年世界500强，但是和美国通用、福特、日本丰田相比，无论在技术上还是市场份额上还差距较大，我们的发动机、关键零部件基本上都不能自给，还不得不依赖进口。例如，我国芯片80%依靠进口，2013年进口用汇2322亿美元，超过了石油的进口额。

另一方面，高端制造失位，增加值率偏低。目前中国制造业大多集中在低水平层次上，增加值率低，附加值低，高技术产业严重不足，尤其在航空航天制造业、电子及通信设备制造业、专用科学仪器设备制造业、电气机械及设备制造业等高技术领域的竞争力指数较低。由于创新能力不强，我国在国际分工中尚处于技术含量和附加值较低的"制造—加工—组装"环节，在附加值较高的研发、设计、工程承包、营销、售后服务等环节缺乏竞争力。据亚洲开发银行研究表明，一部苹果手机的批发价是 178.96 美元，其中日本、德国、韩国分别能取得 34%、17%、13% 的分成，中国只能拿到 3.6%，约 6.5 美元。

最后，企业研发投入力度不够。2012 年我国研究与试验发展经费支出 10298.4 亿元，虽然排名世界第二，但总量不到美国的 1/3。2012 年，规模以上工业企业研究与试验发展经费支出占主营业务收入比重 0.77%，跨国公司一般在 3% 以上，有的达到 10% 以上。2013 年《财富》500 强中国企业显示，我国大企业研发创新能力依然不足，与世界领先企业存在明显差距。像研发投入较多的华为公司，每年把销售收入的 10% 投入到研发中，而英特尔公司研发投资强度高达 18.9%。在汽车行业，2013 年我国一汽研发投入强度为 1.65%，而通用汽车为 4.8%。在 2012 年全球 IT 研发投入 TOP25 企业中，美国企业占 10 家，日本企业 7 家，欧洲企业 6 家，中国仅有华为 1 家，位居第 12 名，排名相对靠后。在 2013 年全球企业研发投入前 20 名企业中，美国、日本和欧盟企业居多，但没有中国企业。我国拥有的专利特别是发明专利低于发达国家水平，2011 年我国申请国际专利合约共 16406 件，只相当于美国的 1/3。

唯有依靠创新，才能实现我国制造业的改造提升。随着技术的不断创新发展，不仅会带动传统制造领域的生产率提高和产品性能提升，还会带来战略性新兴产业数量众多的新材料、新能源、新生物产品、新设备的出现，推进制造业的转型升级，提高我国制造业的竞争能力。

第三节　创新作为经济发展第一动力的深层次结构性矛盾

一、国家政策层面：创新战略与国家创新政策体系滞后之间的矛盾

我国国家创新政策边界未能依据经济转型的现实进行适应性转变。由于创新所具有的风险性、外部性和分散性，在创新发展初期需要政府政策的支持。但经济转型的过程也是培养创新发展的过程，创新政策对市场的干预程度、干预手段需要做出相应的转变，才能有效地创新政策的实施效率。目前，我国正处于从追赶型经济向创新驱动经济转型的时期，原有政策体系中，创新政策不再适用于创新驱动型经济。过去30多年，我国一直依靠资本投资、资源投入、劳动力优势实现经济规模的增长。在这种经济增长模式下，我国的经济政策以快速实现经济赶超和规模积累为目的，创新主要依靠模仿或引进成熟技术来实现。然而，随着整体经济实力和综合国力的提升，我国正处于从数量型增长向质量型增长，从赶超型经济向创新经济转型的新时期，创新逐渐成为未来经济增长的主要驱动力，创新政策需要根据整体战略的转型进行重大的变革与革新。

二、创新链层面：创新投入结构不平衡与创新产出效率低之间的矛盾

创新是一个国家宏观体制和体系综合输出的结果。创新是集市场化、产业化、过程化的一个完整的创新链条，包括技术、设备、产品设计、生产工艺、市场管理、组织等多个方面（芮明杰，《美国的产业创新模式、趋势与政策变化》）。中国创新链存在通道传导不畅、机制不灵活，对经济突破带动性不足等问题，具体表现在以下几方面。

一是基础研究投入偏低。基础研究水平的高低决定一国整体科技创新能力的强弱。通过基础研究形成的原始创新成果，可以转化为具有自主知识产权的核心技术。基础研究投入不足，导致中国缺乏原创性、颠覆性创新成果，核心技术领域也难以取得重大突破。作为"公共产品"的基础研究，能够产生"外溢效应"，其研究成果可以使众多部门和产业发生技术突变，但由于资金投入大、研发周期长，且具有不确定性，常常面临私人部门投资不足的问题。

当前，我国在研究与试验发展经费投入规模持续增加的大环境下，在创新链条中处于最前端环节的基础研究投入规模却未能形成率先发展的局面，从创新资源在创新链的分布看，前期基础研究阶段的投入相对较低，其比重始终徘徊在5%左右。2014年中国国内研发经费（GERD）中只有4.7%用于基础研究，11.8%用于应用研究，而用于试验发展的经费超过83.5%；而美国的基础研究则达到19%，法国是26%，意大利是26.7%，同为亚洲国家的日本、韩国也分别达到12.5%、18.2%。研发投资的不平衡不仅会降低创新活动的经济回报，也不利于原始创新。

二是作为研发投入主力的企业投入强度偏低。在日本的技术研发投入中，政府投入占20%~30%，产业、企业投入占70%~80%，大部分大企业都设有专门的研究开发机构，并配备了雄厚的科研人员和设施，是创新的主体。我国规模以上工业企业的研发投入一般仅占主营业务收入的0.7%，而主要发达国家的这一比例为2.5%~4%。特别是中小微企业科研创新投入低，研发资金渠道单一。由于中小微企业受自身条件限制，多数企业缺乏科研技术实力和新产品开发能力。据国家统计

局北京调查总队的问卷调查结果显示，2015年，多达85.9%的中小微企业年内没有任何创新活动。即使在有创新活动的企业中，创新资金投入占总收入的比重在10%及以下的企业也多达72.3%，其中，占比在1%及以下的企业达到28%。中小微企业资金来源于资本市场、国内外合作等其他方式的比重较低，而仅有9.6%的企业研发资金来源于政府资金投入，表明研发资金来源单一，政府资金支持力度有限，中小微企业创新活力受到一定限制。在影响企业技术创新的首要因素中，资金紧张、融资困难认同率达到40.5%，已连续多年位居第一。中小微企业要保持长期可持续发展，不能仅依靠自身"造血"和金融体系扶持，还应多渠道拓展研发资金来源。

三是人均研发支出不高。按照联合国教科文组织的数据，美国、中国、欧盟、日本的研发投资分别占全球的28%、20%、19%和10%。中国的人口大约是美国的4倍、欧盟的2.6倍、日本的10倍，所以人均研发支出只是美国的18%、欧盟的40%和日本的20%，有非常大的提高空间。各国R&D投入的经费来源构成（2014）如表3-1所示。

表3-1　各国R&D投入的经费来源构成（2014）

单位：%

经费来源\国家	中国	美国	日本	德国	英国	法国
企业资金	74.0	60.0	77.0	65.6	44.6	53.5
政府资金	21.6	33.4	16.0	30.3	32.2	37.0
其他资金	4.4	6.6	7.0	4.1	23.2	9.5

各国R&D费用在创新链中不同环节的分布情况如表3-2所示。

表3-2　各国R&D费用在创新链中不同环节的分布情况

单位：%

研究类型＼国家	中国	美国	日本	英国	法国
基础研究	4.8	19.0	12.7	8.9	26.3
应用研究	11.3	17.8	22.3	40.7	39.5
试验发展	83.9	63.2	65.0	50.4	34.2

此外，基础研究成果相对孤立，创新技术形成动力不足、技术成果转化应用复杂、创新产品和服务缺乏有效的市场机制等上下游环节脱节问题，也会导致创新链条延伸程度不足，甚至出现暂时断裂。原隶属于各工业部门的院所改制为企业之后，更多的资金、人力和管理开始从共性技术领域转到应用技术和商业化领域，不再从事共性技术的研发，产业共性技术的研发和产业化主体弱化。同时，高等学校、科研院所与企业拥有不同的评估机制和利益导向，各自创新活动的目的严重分化，科研成果转化率仅为10%左右，远低于发达国家40%的水平，产学研合作创新的有效机制尚未形成。

三、创新主体层面：企业主体创新动力不足，不同主体创新资源分布不平衡

强化创新驱动发展的主体地位是实施创新驱动发展战略的基本要求。早在2006年全国科技大会及中共十七大就明确提出让企业成为创新主体，但现实中政府越俎代庖、企业积极性不够、产学研用脱节等问题还一直比较突出，需要进一步全面深化改革，强化创新驱动发展的主体地位，激发企业成为创新主体的责任感和动力。企业是市场的主体，它直接面向市场，创新需求敏感，创新冲动强烈，只有让企业成为创新的主力，提升企业的自主创新能力，创新才能成为推动经济发展的强大力量。

企业作为技术创新主体是指在国家创新体系的组织运行中，相对于大学和研究机构，企业应发挥主要、主导功能，担当核心角色。中国企业技术创新主体地位迟

迟不能确立，其症结在于政府主导科技体制改革，以企业为主体的国家创新体系建设迟迟未有实质性突破。虽然我国全社会研发投入中，企业投入的占比已经达到77%，水平与美国接近，但研发投入强度一直比较低。近年来，我国制造企业500强研发强度一直徘徊在2%，远远低于世界500强平均3%~5%的水平。2015年，中国企业500强中制造企业的研发强度平均只有1.1%。

第一，研发投入强度低，有研发活动的企业所占比重还不高。2014年，规模以上工业企业有研发活动的企业占比为16.9%。研发投入强度只有0.84%，对外技术依赖度高，消化吸收投入不足，如表3-3所示。近几年来，消化吸收经费支出与引进国外技术经费支出之比还有所下降，与日本和韩国在工业化过程中8∶1或5∶1的消化吸收投入强度相比，有很大的差距。即使是高技术产业，我国企业整体的研发强度也相对较低。我国高技术制造企业的研发投入强度平均为1.74%，而发达国家普遍在5%以上，美国和日本则高达10%以上。

表3-3 规模以上工业企业创新活动基本情况

指标	2000年	2004年	2008年	2009年	2011年	2012年	2013年	2014年
有R&D活动企业所占比重（%）	10.6	6.2	6.5	8.5	11.5	13.7	14.8	16.9
R&D经费内部支出与主营业务收入之比	0.58	0.56	0.61	0.69	0.71	0.77	0.80	0.84
消化吸收经费支出与引进国外技术经费支出之比	0.074	0.154	0.263	0.431	0.450	0.398	0.382	0.370

资料来源：《中国科技统计年鉴2015》。

第二，企业缺乏基础性应用研究。同发达国家相比，我国制造企业研发投入强度普遍较低，对基础研究投入更少，以致陷入接续引进的路径依赖。仅少数领先企业强化了前瞻布局，如华为，其2015年销售收入约3900亿元，研发经费大概500亿元，研发强度为12.8%，其中有近12%是投在基础研究上。正是因为其对基础前沿技术研发的持续投入，才有了源源不断的原创性技术研发储备，才能牢牢把握产业技术创新先发优势，实现企业创新发展的前瞻布局。一般而言，由于基础研究的公共性，企业对其投入很少，企业主要是投向试验发展领域。但通过国际比较会发现，我国企业对基础研究的投入过少。统计数据显示，2013年，美国全社会基础研究中，企业基础研究投入占到了总体基础研究投入的24.2%。企业也是美国基础研究活动的主要阵地，企业开展的基础研究活动大多具有应用导向，且其研究范围主要是公共支持的研究没有覆盖到的空白领域。事实上，企业对基础研究的热情很大程度上是因为政府政策导向发挥了作用。1980年，美国通过的拜杜法案（Bayh-Dole Act）允许政府资金的获得者可以保留其利用政府资金所获得的发明的拥有权及专利等。这极大提升了企业赞助基础研究和开展基础研究的热情。

第三，政府对企业的研发经费投入有待提高。在我国企业研发投入能力不足的情况下，政府对企业研发经费的支持就显得更加重要。从20世纪50年代到80年代，美国政府科技拨款中，投入企业的比例一直维持在50%以上，最高时达到70%。进入80年代这一比例逐渐下降，但是仍然达到1/3强。近年来，美国联邦政府研发经费投向企业的占比都保持在24%以上。反观我国，20世纪90年代至21世纪初，我国政府科技资金投向企业的比重是17%左右，有些年份要更低一些，如2001年只有11%。近年来，投向企业的比重有所增加，但也只有15%左右。

第四，在制度设计上仍未建立企业创新主体机制。企业创新活动不同于高校科研院所等创新主体的技术追求导向，它以满足市场需求为基本出发点。企业创新主体地位的强化，将使越来越多的创新活动面向市场。市场导向的创新更有效率，让企业在创新中发挥主体地位，将促进成果转化为经济增长。1978年改革开放以后，随着中央计划经济体制向社会主义市场经济体制转变，科技体制改革的大幕也逐步拉开（1985年开始），主要任务是解决科技与经济的结合问题，而其核心是实现创新活动从科研机构和国有企业双主体向企业单主体转变。2006年发布的《国家中长期科学和技术发展规划纲要（2006—2020年）》（简称"中长期规划"）明确提出，"国家创新体系是以政府为主导、充分发挥市场配置资源的基础性作用、各类科技创新主体紧密联系和有效互动的社会系统"。无论是中央计划经济体制下的国家科技体制还是混合经济体制下的国家创新体系，都没有改变企业技术创新能力薄弱和政府主导资源配置的结构模式。

在政府主导的创新体系中，部分政策制定者将这种支持简单理解为财政补贴和无偿资助，部分企业通过这种方式从国家获得了大量财政资助，更有甚者已经将这种直接的资金支持工具作为最有效的政策手段。实践已经证明，这种直接干预的政策工具存在诸多弊端，如直接财政补贴和无偿资助是政府主导体制下利益相关者忘不了的权杖，政府制定规划发展新技术、新产业的时候，优先考虑的政策工具就是政府补贴和无偿资助——节能补贴、光伏产业补贴、光电子产业补贴等。与政府（或者政府官员）关系越密切的企业能够获得更多补贴，政策后果是创新不足、产能过剩等长期积弊。

第五，企业未在重大科技创新成果中成为主力军。国家科学技术进步奖授予在技术研究、技术开发、技术创新、推广应用先进科学技术成果、促进高新技术产业化，以及完成重大科学技术工程、计划等过程中做出创造性贡献的中国公民和组织，代表了在国民经济和社会发展主战场上的技术创新最高水平。2009—2012年，在国家科技进步奖中，企业作为获奖第一承担单位的科技项目所占比重约为30%，2012年有所提高，达到33.33%，但与其占有75%的科技资源相比，企业领衔的高水平原创性科技成果明显偏低。

对近年科技奖励数据的分析表明，我国企业主要还是作为应用配角停留在产业技术开发的低端，尚未成为领衔开展高水平重大技术创新的主体。这种高水平科技创新成果的结构特征说明我国的技术创新仍然处于大学、科研机构技术开发力量引领企业技术应用的科技成果转化模式阶段，距离科技实力雄厚的企业引领创新方向的全产业链技术创新模式仍然存在很大差距。

第六，高端创新人才在企业中的比重小。中国工程院是我国工程技术界的最高荣誉性、咨询性学术机构，企业院士所占比重体现了企业在国家高端工程科学技术方面的创新能力。在所有工程院院士的763人中，来自企业界的院士所占比重约为24%，大部分院士集中在高校及科研机构，这也表明我国企业没有成为高水平工程科学技术创新的主体。从"千人计划"入选者的分布情况来看，目前，科技部平台"千人计划"前八批共引进海外高层次创新创业型人才 1441 人,其中创新型人才共计 512 人,占比为 35.53%,大部分海外引进的高层次人才进入了大学和研究机构。据不完全统计,通过国家重点创新项目平台与国家重点学科和重点实验室平台引进的"千人计划"专家中,企业平台(包括新型研发组织)引进专家仅占 11%,绝大部分就职于高校与科研院所平台。企业没有成为海外高层次人才回国开展技术创新的主要选择平台。

目前,我国科技创新型人才中的高端人才大部分集中在高校和科研院所,企业的科技人才数量虽然庞大,但素质和研发能力都不能满足主导技术创新全过程的要求。这种结构性缺陷直接影响我国科技创新型人才的成长和企业自主创新能力的提高,制约着企业在创新过程中的主导作用发挥。

四、产业创新层面:关键共性技术基础落后于战略性新兴产业技术突破之间的矛盾

产业关键共性技术是指产业关联度高、科技带动能力强、应用前景广、具有普遍制约性的产业共性技术,可被视为一类关键性的平台技术。关键性共性技术目前存在两个短板:一是创新载体在基础科研与产业应用上衔接不畅,技术成果向产业转移转化不力;二是承担行业共性技术研发的科研院所转企改制后,研发顾及不足,为行业发展提供共性技术支撑的功能逐渐减弱。目前,战略性新兴产业的技术突破与关键共性技术基础落后也存在矛盾。战略性新兴产业是以重大技术突破和重大发展需求为基础,对经济社会全局和长远发展具有重大引领带动作用,属于知识技术密集、物质资源消耗少、成长潜力大、综合效益好的产业。然而,近些年,很多企业往往为了迎合国家的产业政策,人为设计很多重大新兴产业项目,各个地方政府也为了迎合国家的政策导向,也通过财政专项的形式给企业补贴,导致企业为了获得财政支持而包装项目,而没有真正去关注产业的关键技术、共性技术开发,反而使整个行业陷入结构雷同、同质竞争、创新不足的局面。除此之外,作为引领战略性新兴产业发展的一些龙头企业一旦自身发展壮大起来,创新后劲就显得乏力,陷

入了资源垄断、市场垄断型模式陷阱，阻碍了产业进一步实现共性的技术突破。

五、技术创新层面：核心技术受制于人，突破先发国家核心技术垄断仍面临较大困局

长期以来，我国核心技术受制于人的局面始终没有得到根本改变，这也是建设"创新强国"的重要短板。一般而言，核心技术可以划分为三类，一是基础技术、通用技术；二是非对称技术、"撒手锏"技术；三是前沿技术、颠覆性技术。三类技术的内容不一样，现有基础不一样，目的作用不一样，突破路径也不一样。后发国家在战略性新兴产业开展替代性产业技术创新，突破先发国家的核心技术垄断，解决产业核心技术受制于人的问题，难度非常大。毋庸置疑，任何战略性新兴产业的核心技术拥有者，必然会采取申请专利、技术保密、禁止相关产品出口等多种举措予以严格保护，后发国家很难依靠模仿创新，甚至采购等途径获得核心技术。后发国家攻克和掌握产业核心技术，不仅必须自主创新，而且需要避开先发国家的知识产权保护，寻找新的技术路径，开发与先发国家已有的技术显著不同的新技术，否则，先发国家必然会控告其侵犯知识产权，有可能使后发国家大量投入通过艰辛努力研发出的新技术很难得以运用。开展替代性产业技术创新，首先面临的是自主创新能力上的挑战。

（一）一些关键核心技术与发达国家相比有较大差距

新一代信息技术是以高性能集成电路、基础软件为基础的，这恰恰是中国的短板。虽然中国已是智能手机、笔记本电脑的世界第一生产大国，但集成电路、基础软件严重依赖进口。2017年，中国进口单一商品最大金额的就是集成电路，进口金额达2600亿美元，比上年增长14%，占当年全部进口额比重为14%，特别是电子计算机核心中央处理器（CPU）、智能手机的核心元器件、操作系统等被国外公司控制的局面一直未改善。

（二）部分基础技术、通用技术薄弱问题仍然较为突出

突出表现在制造业关键核心技术及共性制造技术薄弱，设计技术、可靠性技术、制造技术及工艺流程、基础材料、基础机械零部件和电子元器件、基础制造装备、仪器仪表及标准体系等发展滞后；制造装备所需核心零部件/元器件和关键材料主要依赖于进口。以机械产业为例，多数出口机械产品是贴牌生产，拥有自主品牌的出口机械产品不足20%。

（三）下一代新兴技术的全球竞争力掌控不足

以目前快速发展的工业机器人产业为例，外国机器人企业占据机器人本体市场份额的90%，其中，安川、KUKA、ABB等公司的市场份额约为65%，剩余35%的国内企业份额主要为低端市场。与此同时，国外厂商积极布局中国国内市场，制约中国本土企业的发展。在核心零部件领域，控制器、驱动及伺服电机、减速机等主要依赖进口，本土企业缺乏产品开发能力和对成熟工艺的核心掌控能力。

六、市场环境层面：市场没有在创新驱动过程中真正发挥决定性资源配置作用

《国家中长期科学和技术发展规划纲要（2006—2020年）》和《国家中长期人才发展规划纲要（2010—2020年）》都旗帜鲜明地指出，要以企业作为创新主体，全面推进中国特色国家创新体系建设，大幅度提高国家自主创新能力。公平有效的市场竞争是推动企业技术创新的动力之源，政府在创造和维护良好的竞争生态的同时，还要改变过去以政府为主导的选拔式的支持模式，转向普惠性的公共产品支持模式，更加注重为企业创新搭建公共创新平台等。国家科技计划应优先支持共性技术发展。由于共性技术存在很强的外部性，企业不愿意自行研发，需要政府、科研机构、大学等的共同支持。同时，政府在制度上做好财政预算投入科研项目成果和共性技术的公开、共享和成果转化，以及知识产权保护管理。特别是创新发展阶段

的资源要素是创造性、创意和知识，这些资源要素是隐性的，不可能主要依靠政府力量来配置，只有市场才能激发知识资源的创新。现在很多管理者还有传统要素发展阶段的路径依赖，习惯用行政办法来解决创新问题，这样不仅不能推动创新，相反还严重抑制了市场的创新能力，政府主导的资源配置模式导致创新资源出现错配，更有甚者还存在着利用垄断优势搞"伪创新"，使得创新难以获得公平有效的竞争机会。

七、开放创新层面：全球创新网络环境开放性与高端创新资源难获得性之间的矛盾

从科技角度看，我国一直存在过度开放的问题。我国仍处于工业化发展阶段，不可能摆脱"要素驱动"与"投资驱动"为主的经济增长模式，在这个阶段适度的市场保护和技术保护是必要的。但实际上，我们的市场是高度开放的，企业还没有学会走路就得参加国际竞赛，使得我国的创新空间受到挤压。一个典型的事实是，包括汽车、食品、集成电路、化工在内的很多产业，暴露在过度开放的创新环境下，本土企业（特别是民营企业）在国内市场的竞争中得不到有效的支持和保护，而外资企业凭借雄厚的资金保障、先进的研发优势、强势的品牌效应以及科学的管理模式，对我国的市场形成强有力的冲击，挤压着以中小企业为主的民营经济创新驱动发展的空间。

相对应的，发达国家及部分跨国公司凭借研发优势和高精尖技术手段，形成了高度垄断的国际贸易和投资新规则，以控制国际资源及财富的分配，使得中国企业在国际竞争中处于被动的地位。多年来，中国企业的"走出去"仍旧是以资源为导向的"走出去"，不公平竞争及森严的贸易壁垒，使得海尔、华为及联想等为代表的知识密集型企业在"走出去"的过程中受到严重的制约。与此同时，由于中国经济的高速发展，在企业"走出去"的过程中，国际市场对中国企业进行了严重的技术封锁。众多国际创新合作研发的案例均表明，虽然国内的资源市场向国际市场开放，但具有先发技术优势的发达国家及国际垄断企业向中国企业开展技术封锁，高端创

新资源的难获得性，使得中国企业想要单纯地依赖国外技术来获得自身的技术积累已经越来越难。

八、制度机制创新层面：缺乏创新宏观管理体制与资源配置机制设计

创新本身所具有的风险大、投入高、外部性强等特征从理论上论证了政府创新政策的必要性。特别是随着"第四次工业革命"浪潮的到来，革命性新技术正在产生群体性突破，并且不断催生数字经济产业、智能制造产业、新能源产业、新材料和生物技术产业之间的融合。但是，我国创新仍然以模仿创新、微创新为主，它们所产生的新技术不但无法引领新产业的发展，更无法引领传统产业的升级改造。然而，为了布局新工业革命时期的经济发展，我国从创新战略到创新政策上都做了相应的布局，努力实现从资源驱动型经济向创新驱动型经济进行转型，为了实现该战略转型，创新政策的强度不断增加，从法律、制度规制到产业政策、企业政策等都做了全面布局，但是经济的创新绩效从微观、中观到宏观表现都不尽如人意，政策的实施效果与当初政策制定的目的之间存在着较大的偏差。

（一）知识产权保护力度不够，存在"搭便车"现象

创新主体内在创新动力不足。作为创新成果集中体现的知识产权其自身的特点包括复制成本低、被侵权和窃取等问题，一些企业出于投机心理"搭便车"，使创新主体由创新带来的收益大大减少，甚至不足以抵消前期创新投入的巨额成本，创新主体无法通过市场机制获得应该有的补偿，其内在的创新动力大大降低，使通过市场来配置创新资源方式的效率大大降低。另外，目前我国国家创新体系以高等院校、科研院所为主，商业化、社会化创新体系以企业为主体，而缺乏连接不同主体的有效机制，造成了创新链条的断裂。企业和科研机构对重大关键技术商品化的积极性都不高。从企业方面看，重大关键技术商品化存在巨大的风险，包括技术不成熟、市场需求不确定、与科研机构合作不顺畅等方面的风险。从高校、科研机构看，目

前高校、科研院所的评估体系几乎全部以文章为导向，文章决定职称的提升、头衔和工资待遇，从事基础研究的居多，较少关注技术应用。

（二）缺乏对创新主体激励机制和制度设计

参与创新活动的主体包括企业、政府、高校、科研院所、中介机构等。创新资源兼有公共资源与非公共资源的双重特性，创新资源的流动使得其同时还具有一定的共享特性和外部性，企业是完全独立的市场主体，能够按照市场机制进行创新活动，但是其他主体并非完全的市场主体，在人力资源方面，高校、科研院所是知识产权创造阶段最重要的供给来源，在财力资源方面，政府的财政支持也是最为主要的来源，但是人力、财力资源的所有权、使用配置权、收益权、处置权等产权并不统一，且不完整，对创新资源的配置方式也并非按照市场化机制来运营，甚至很多都是采取行政计划等非市场手段，这样就很难形成有效合理的市场化资源配置方式，从而影响了创新资源的配置效率。创新及其整个经济过程需要充分发挥各个创新主体的资源优势，进行协同创新，从而节约协同主体各方的交易成本、分散技术创新风险；创新成果具有一定的外部性，从企业等创新主体的角度看，需要将其外部效应尽量内部化，而从整个社会福利的最大化的角度来看，政府应该鼓励其外部效应扩大，降低市场竞争强度，从而提高整个经济社会的福利水平。

（三）创新资源的管理主体不统一，缺乏顶层设计

从政府的财政资金投入来看，目前我国的科技部门、产业部门及公共事业部门等都有一定的资金配置权，不同区域出于地方经济的发展需要也会出台相应的促进科技资源集聚的计划，往往造成了不同地区在科技资源方面的本位主义，同质化竞争加剧，影响创新效率。创新投入的人力资源分布于不同的主体类别中，主要包括高校、科研院所和企业，由于单位性质的不同，科研人员主要集中于高校、科研院所，难以流向企业，企业的创新人员也难以进入高校，使得人力资源缺乏流动性，难以根据市场需求进行优化配置，提高配置效率。

九、创新人才层面：创新人才结构与创新产出效率之间的矛盾

一是科技人力资源影响创新产出效率。2014年，中国科协开展的第三次科技工作者状况调查结果显示，74.1%的科研人员认为我国科技工作者的研究能力落后于发达国家。麦肯锡《新兴市场人才报告》数据表明，我国工程方面的毕业生只有10%左右具备全球化企业所要求的能力。

二是区域间人才分布的"马太效应"突出。创新人力资源流动是追逐经济效益的过程。以R&D人员为例，区域分布主要集中在东部地区，人数总量排名前三的省份是广东、江苏和浙江，三地均位于东部地区，东部地区其他省份（除海南）的R&D人员总量也显著高于中部和西部地区。中部地区的R&D人员分布较为均衡，省份之间差距较小。西部地区的R&D人员总量相对较少，特别是甘肃、青海、宁夏和新疆，R&D人员匮乏。从R&D人员学历层次看，区域间差距要小于R&D人员总量的差距，但是高学历R&D人员在北京、上海等大型城市的聚集效应较为突出。

三是对全球科技人力资源利用水平较低。我国的高端创新型人才仍非常稀缺，同时对全球优质科技人力资源利用水平较低。一直以来，我国引进外籍人才占比都处在全球较低水平。根据《中国国际移民报告（2014）》，2013年居住在我国境内的外籍人士为84.85万人，占我国人口比例仅为0.06%，而发达国家和地区的平均水平则为10.8%，世界平均水平为3.2%，发展中国家的平均水平为1.6%，最不发达国家的平均水平为1.2%。

四是教育制度不利于创新人才培养。按照现有教育体制，很难培养出创新人才。孩子一旦上了大学，学校放松了对人才的培养，严进宽出，对创新人才社会责任感的培养严重缺失，高等教育与社会需求脱节，大学生创新能力弱。

五是创新人才评价机制不健全。当前对于人才的评价，确实存在着重数量轻质量、重形式轻内容、重短期轻长远、重头衔轻贡献，人才评价分类不够细致，开放评价、长效评价机制不够健全等一系列问题，甚至为了盲目追求上科学引文索引（SCI）、工程索引（EI）、科技会议录索引（ISTP）检索系统，出现拆分论文、内容注水、机构"包装"的怪象。盲目追求论文数量，一方面，可能造成大量低水平、

没有创新突破的"重复性学术研究",另一方面,可能会牵涉研究者太多的时间和精力,滋生"功利主义"倾向,影响人才对创新、冒险的兴趣和内驱力,阻碍对新领域的探索。很多地方和部门评价人才仅考核人才既往知识、已有资历、以往业绩和过往成果,不适合评价创新型人才,并会挫伤人才的积极性。

六是创新型人才流动不畅。我国人才面临着"流动不畅""流动不自然"等问题,人才市场配置功能还存在局限性。北上广深等特大城市,由于户籍的限制、用人单位的编制限制,阻碍了人才的跨地域流动。相关政策障碍、社会保险制度障碍长期阻碍着机关、事业、企业间人才的自由流动。

第四章

创新作为经济发展第一动力的国际经验

综观世界经济发展的历史，大体经历过三次创新浪潮。第一次创新浪潮产生于资本主义的工业革命；第二次是"二战"后复苏的商业经济使大量的创新活动不断出现；20世纪80年代以来的新经济革命风暴席卷全球，则是以经济全球化扩张、信息技术高速发展背景的第三次创新浪潮。

2008年，国际金融危机使世界经济比以往任何时候都需要通过创新来摆脱危机，实现重生。为在全球新一轮竞争中把握主导权和主动权，将R&D、创新、人力资本纳入国民经济统计核算体系已成新的趋势（美国2013年已经调整，欧盟2014年实现调整，日本将于2016年调整）。世界主要国家纷纷调整战略方向，出台创新战略或行动计划，如《美国竞争力计划》《美国创新战略：确保经济增长与繁荣》《先进制造业国家战略计划》《2011新版美国创新战略》《欧洲2020战略》《德国高技术战略2020》《2014德国工业4.0版》，英国推出《以增长为目标的创新与研究战略》，日本正在推进《创新2025计划》等，其频率之快、密集程度之高可谓前所未有，可视为全球第四次创新创业浪潮到来，其中主要发达国家的创新战略及其促进创新与经济增长活力的模式很值得中国借鉴。

第一节　主要创新大国积极推出创新促进
经济增长的新战略

为抢占未来经济科技发展的战略制高点，世界主要国家都在强化创新战略部署，美国一直是全球创新的引领者和风向标。然而，近些年来美国经济潜在生产率持续下降，经济实力明显下滑，特别是2008年以来美国遭遇到经济、金融与就业的多重危机。为重振美国经济，促进可持续增长和高质量就业，保障经济增长和繁荣昌盛，美国于2009年、2011年、2015年连续出台三版《美国创新战略》，层层递进，特别是2011年版的《美国创新战略》完成了面向未来的美国新一轮创新创业战略的整体布局，其战略核心内容包括夯实创新基础、培育市场环境和突破关键领域三大方面。

欧盟2014年发布了《欧盟"地平线2020"计划》，其最大目标是摆脱经济困境，将经济重新带回可持续发展轨道，实现长期可持续的高质量增长，而创新是实现这一目标的唯一出路。为此，欧盟各国加强整体布局，积极完善国家创新体系建设，加强创新生态系统的内部联系，发挥创新整体效能。在科技前沿领域，欧盟支持联盟层面的跨地区合作的各种计划，如"第七个科技框架计划"中的"竞争力与创新框架计划"资助的"集群计划"、欧洲企业网络及与欧洲区域合作计划的联合资助行动等。2010年《欧洲2020战略》中提出，构建横向与纵向交织的实施组织系统，国家、区域与地方政府之间形成纵向伙伴关系，并建立蓝卡制度，吸引亚、非、拉高层次技术人才，对技术移民给予更多优惠条件，提出欧洲要建立卓越、能辐射全球的"欧洲尖端集群"。

2010年，德国推出《德国2020高科技战略》，强调聚焦于全球挑战，着眼未来和面向欧洲等战略新重点，优先发展环保、健康、安全、气候、资源及交通领域，经济界和科技界协商推出"基础研究——能源2020+"计划。此外，德国政府实施"创新德国"高技术战略，全力推动实施《工业4.0》计划。

英国推出《以增长为目标的创新与研究战略》，力求在全球创新网络中成为关键伙伴，英国贸易投资署设立了"创新门户"组织，吸引国际投资，并积极推动英国八大技术国际化。

此外，亚洲经济体亚洲在此轮全球创新竞赛中不甘示弱，日韩居于前列。自2007年出台《日本创新战略2025》、2010年出台《未来10年经济增长战略》之后，2011年日本提出要成立科技创新战略本部来代替综合科学技术会议，从而最大限度地发挥"创新司令塔"的指挥作用，促进科技创新与经济增长一体化进程。为了抢夺全球以及亚洲创新人才，日本提出"亚洲人才资金构想"，设立"外国人特别研究员计划"，吸引以中、韩为主的亚洲留学生。

韩国政府于2009年1月发布并启动实施《新增长动力规划及发展战略》。《新增长动力战略》重点从需求和供给两方面提出了一系列推进举措。在需求层面上，强化应用导向和市场牵引，完善相关法律和政策，为培育和发展市场构建良好的制度环境，强化基础能力建设，为率先抢占全球市场夯实基础。在供给层面上，加快创新突破。美国彭博社发布2015年全球最创新的50个国家的排名中，韩国在研发经费、教育及专利方面位居榜首。

第二节　保持战略持续性和系统性，为下一代创新和经济持续增长做整体布局

美国一直是全球创新的引领者和风向标。然而，近些年来美国经济潜在生产率持续下降，经济实力明显下滑，特别是2008年以来美国遭遇到经济、金融与就业的多重危机。

2009年9月，美国总统行政办公室、国家经济委员会和白宫科技政策办公室联合发布《美国创新战略：推动可持续增长和高质量就业》，承诺要充分发挥创新潜力，推动新就业、新企业和新产业。其主要由三个层面组成。

第一层面是注重国家创新基础架构建设。重点包括：将GDP的3%用于研发，以恢复美国在基础研究方面的领先地位，催生新兴产业；培养具备新世纪知识和技能的新一代人才；建设先进的基础设施；发展先进的信息技术生态系统。

第二层面是完善鼓励有效创业的竞争市场，为创业和风险投资营造成熟环境，确保美国公司在全球创新领域的国际竞争力。

第三层面是推动国家重点项目取得突破。重点包括：推动清洁能源技术的应用，政府计划在智能电网、风能、太阳能和生物燃料等方面进行大规模投资，通过鼓励创新，促进经济增长，减少对石油的依赖；支持发展先进车辆技术，确立美国在这一领域的优势地位；推动健康信息技术领域取得突破，确保美国在这一新兴产业的优势地位。

随后，2011年2月，美国国家经济顾问委员会和科技政策办公室联合推出《美国创新战略：确保美国的经济增长与繁荣》。2011年版《创新战略》宣布了五大创新行动计划，并把这些计划视为未来推动经济增长和提高竞争力的关键。

一是发展无线网络，在未来5年内使美国高速无线网络接入率达到98%，作为推动无线技术革命迅速发展的必要手段，将在未来10年内大大拓展商业频谱的范围，并加速无线网络在医疗保健、教育、运输和其他领域的应用。

二是提高专利审批效率，将美国商标专利局对专利的平均审批时间从35个月缩短到20个月，减少专利申请大量积压现象，并提高专利质量，使最有价值的专利技术能在12个月内进入市场，从而使创新成果转化为竞争优势的时间周期进一步缩短。

三是改善基础教育，支持教育技术研究，支持提升学习能力的计划（Race to the TOP），鼓励更多学生在科学、技术、工程和数学等科目上取得好成绩。

四是加速发展清洁能源，并为此提出了三个具体目标，即增设3个创新研究中心，2015年使美国道路上行驶的先进技术汽车数达到百万辆，以及到2035年使美国清洁能源发电占全国发电总量的比例达到80%。

五是启动美国伙伴关系／美国创业计划，努力促使科研成果尽快走出实验室走向市场，努力促进和发展创业生态系统，帮助初创企业改善创业和发展环境，增加新公司成功的机会。从这些计划可以看出，美国的创新战略与信息技术、制度改革、能源革命、中小企业是高度关联在一起的。

2015年10月21日，美国国家经济委员会与白宫科技政策办公室发布2015年版《美国国家创新战略》。这份战略强调对研发部门和其他有助于长期经济发展部门投资的重要性；明确了从先进汽车到精准医学的一系列战略核心领域；同时要促进联邦政府更具创新性，为私人部门和普通民众的创新创造更好的环境。新版的《创新战略》明确突出了九大领域：先进制造；精准医疗；大脑计划；先进汽车；智慧城市；清洁能源和节能技术；教育技术；太空探索；计算机新领域。从2009年到2015年，6年间3个版本的《创新战略》出炉并付诸实施，有效地避免了美国陷入深度的经济低迷。

第三节　统筹协调各类创新资源，高度重视国家创新体系的战略组织保障

美、欧等发达国家和地区高度重视科技创新的顶层设计和战略组织保障。美国设有内阁级的"国家科技委员会"，由总统亲自挂帅。德国设有"创新与增长咨询委员会"和"经济界科研联盟——面向未来市场的科技研发"。英国在创新技能部设有"国家技术战略委员会"（TSB），这种战略组织机构，对于解决创新过程中的产学研金智人资源分割，创新整体推动力不足有着十分重要的借鉴意义。

德国设立的"创新与增长咨询委员会"，其前身是由德国前总理施罗德倡议成立的"创新伙伴委员会"。该委员会是联系联邦政府高层和经济界、科技界高层人士的纽带，承担向联邦总理提供相关咨询的职能，共由4位政府高官和13位经济及科研

界高层人士组成，原西门子公司监事会主席冯必乐担任委员会主席。目前委员会下设专利、创业、中小企业和交流四个工作组。"经济界科研联盟——面向未来市场的科技研发"是由联邦教研部部长安妮特·沙范倡议组建的一个交流平台，负责"高科技战略"具体实施和发展规划，同时在跨部门沟通的基础上听取和处理来自不同行业对推进科技创新的意见和措施。此外它还与各专业委员会（如能源峰会、IT峰会等）保持了密切的合作关系。科研联盟的成员负责在自己专业领域内对科研项目和科研成果转化的推进。具体科技管理主要由联邦经济合作发展部（BMWI）负责，为促进科技与经济的结合，从规划、项目直至向中小企业的技术创新的拨款，构成国家技术创新系统的重要组成部分，主要的创新机构包括弗劳恩霍夫应用研究促进协会与马克斯·普朗克科学促进协会。

弗劳恩霍夫应用研究促进协会定位于基础研究和工业研发之间，聚焦支撑产业发展的共性技术研发，为企业特别是中小企业开发新技术、新产品、新工艺，协助企业解决创新发展中的组织和管理问题。协会的研究经费分为两大类型，"非竞争性资金"主要包括中央、地方政府及欧盟投入，用于支持前瞻性研究；"竞争性资金"来自公共部门的招标课题及与企业签订的研发合同收入等，用于开展面向市场的研究。马克斯·普朗克科学促进协会为德国的一流科学研究机构的联合，涵盖所有基础科学研究领域，协会为一非营利性法人机构。马克斯·普朗克科学促进协会虽然经费的80%以上由政府提供，业务上的顾问却由世界知名的科学家担任，同时还由舆论界人士任监察小组成员，共同决定科研政策。

英国的国家技术战略委员会，在创新、大学与技能部（DIUS）设有英国政府科学办公室。TSB隶属于英国创新技能部，是于2004年作为政府的一个咨询机构而成立的。随着英国政府对技术创新工作的进一步重视，2006年年底，该机构逐渐从创新技能部中独立出来，2007年7月正式成立。TSB是一个独立于政府的非营利性的公共服务机构，通过合作研究开发及知识转让，为政府提供科技发展的建议。TSB与学术研究机构、各地区发展局有紧密的合作关系。与政府各部门之间也有紧密的合作和服务关系，他们紧密合作，为英国企业技术创新提供广泛的实际帮助，由政府提供财政支持。

所有政府部门关于创新方面的决策均由 TSB 进行。TSB 有独立的决策权，由专业人士组成的管理委员会制定机构的运作方针，虽然对产业创新技能部负责，但不受其影响。

TSB 的职能主要有：促进支持科学技术开发及发展的研究，加快科技成果产业化，促进经济增长；通过财政计划的支持，鼓励企业对高新技术的应用并对其进行商业化的投资；营造创新环境和氛围；研究新技术开发过程中存在的问题，并向政府决策提出建议。

英国政府科学办公室（GO-Science）由原贸工部（DTI）下属的科学技术办公室（OST）更名而来，隶属于创新、大学与技能部（DIUS）。主要负责支持和推动公共领域的科学研究，将维持英国雄厚的科研基础，促进研究成果的利用，帮助和监督英国学术界参与国际科技交流合作作为主要职责。2008 年 7 月再次进行调整，其国际部脱离 GO-Science，与英国外交部负责科学与创新网络（Science & Innovation Network）和 DIUS 的创新总司负责国际事务的部分合并，在 DIUS 的创新总司下组成国际科学与创新司（International Science and Innovation Unit，ISIU），负责该部对外科技合作以及英国派驻国外科技外交官的委派和业务指导，加强了该部对外科技合作的总体实力。

每个财政年度，英国政府科学办公室都要根据当年的科学预算（Science Budget），将公共科研基金拨给下属的 7 个研究理事会及其他研究机构。然后再由各理事会和研究机构以课题经费、项目基金、研究津贴、奖学金或研究生助学金等形式划拨给研究人员、下属研究院所或其他研究中心。

其中，工程与自然科学研究理事会（Engineering and Physical Sciences Research Council，EPSRC）是 7 个研究理事会中最大的一个，主要为大学和科研机构提供研究经费和培训资金。该理事会通过对高校人才、科学发现和创新进行投资，积极从事并鼓励跨学科、跨边界交流与国际合作，推动公众参与科学、工程和技术来满足产业和社会的需要。资助项目主要分布在纳米、下一代医疗保健、数字经济、能源、基础设施与环境、数学与公众参与、材料科学与机械工程、信息与通信技术、物理科学领域，并注重支持跨学科的研究应用。

日本具有完善的国家创新体系。1995年日本颁布《科学技术基本法》，明确提出将"科学技术创造立国"作为基本国策，它改变了以往偏重引进和消化国外技术、开发应用技术的做法，转而注重基础理论和基础技术的研究开发，用具有创造性的科学技术持续推动经济发展。为此，自1996年起，日本连续制订了3个为期5年的"科学技术基本计划"，目前正在实施的第三期"科学技术基本计划"。

日本国家创新体系从日本的自然条件、文化传统及国民性等国家、社会的最基础层面出发，层层演进，通过科学技术及产业两方面的发展最终让市场进行检验，涵盖创新体系的各个环节。

在日本，企业早已确立了技术创新的主体地位，提供了日本全部R&D经费的60%以上，市场机制是配置创新资源的主要方式。大学（包括科研机构）在为社会提供研究成果的同时，更重要的是为企业培养大批量的优秀工程师。日本政府通过政策法规和资金支持，对国家创新活动进行引导、扶持和干预，为国家创新体系的建立提供了多方面强有力的保障。

首先，一个完善的自主创新体系需要正确的战略导向和法律保障。继1995年颁布了《科学技术基本法》之后，2002年日本又颁布了《知识产权基本法》，2003年成立了以首相为"议长"的高规格知识产权战略总部。此后，日本还新制定或修改了21项知识产权相关法案，使日本成为全球迄今知识产权战略最为系统化和制度化的国家。

其次，日本政府历来重视制定科技发展计划。继第一、第二期科学技术基本计划后，自2006年度起实施第三期科学技术基本计划，在预算方面重点支持生命科学、信息通信、环境、纳米技术和材料4个高科技领域。

最后，来自日本政府和企业在科学技术相关领域提供了强大的资金支持。1993年日本泡沫经济破灭后，日本经济出现停滞，政府财政困难，但科学技术相关的经费却稳步增长。从1995年起，民间企业科研投入连续9年增长。据日本文部科学省统计，近几年日本每年研究经费的总投入超过国民生产总值的3%，在全球保持着最高水平。

产学官合作是日本经济发展的法宝，在建立国家创新体系的过程中，产学官合作又开始不断探索新的形式，建立国家级的技术转移机构就是其中的重要措施之一。

第四节　围绕创新链，积极利用全球创新资源打造国家创新优势

德国是典型的创新型国家。德国政府围绕整个创新链条，致力于运用政策和法规构筑创新体系，建立宽松和完善的法律环境，形成良好的科研运行机制，促进创新活动。政府和社会高度重视科技研究和开发，对创新和研发的投入力度逐年增加，资助渠道宽广，来源多样化，除公共财政和企业的资助外，还有私人机构及国外的投资。2014年9月3日，德国推出了"创新为德国"新高科技战略。新高科技战略旨在确保德国创新政策的连贯性，进一步加强德国的繁荣和经济增长。

一、促进创新各部门合作与技术转移

创新是一个连续的过程和链条。为此，政府的资助将集中在以下领域：第一，从战略上扩大大学、产业和社会合作的机会。联邦政府采取新的基金形式，支持大学研究与本地区合作，开发创新合作模式。应用科学大学尤其要开展以应用和解决问题为导向的研究，同本地区的公司密切合作。要有效地提高大学和公司间在研发共同领域中的联系和战略合作，使区域产业结构能更好地利用大学的创新资源。第二，消除研究成果商业化的鸿沟。联邦政府采取科学研究创新成果转移措施，帮助消除学术研究与产业应用间的壁垒，提高技术从研究到产业的转移。项目的资助将更加灵活，尤其是涉及专利早期技术的进一步开发方面。第三，提高国际化。产业价值创造链正日益全球化。联邦政府计划将使用新的资助措施促进尖端技术集群、前瞻性项目的国际化。联邦政府还计划调动本国资源与欧洲的研究与创新基金衔接，进一步发展《欧洲研究领域》，加强与欧洲的合作。为制定《欧洲研究领域》，德国

政府出台了相关战略部署，指明了政治指导方针和国家发展路线图。此外，德国正与相关国际组织和机构开展积极合作。历届欧盟研发框架计划如表4-1所示。

表4-1　历届欧盟研发框架计划

名称	年度	总经费	重任
第一框架计划（FP1）	1984—1987年	32.71亿欧元	（1）建设欧盟统一的研究区（ERA）；（2）保持科学技术的卓越；（3）提升工业企业的竞争力；（4）应对经济社会的挑战
第二框架计划（FP2）	1987—1990年	53.60亿欧元	
第三框架计划（FP3）	1990—1994年	66.00亿欧元	
第四框架计划（FP4）	1994—1998年	131.20亿欧元	
第五框架计划（FP5）	1998—2002年	137.00亿欧元	
第六框架计划（FP6）	2002—2006年	178.83亿欧元	
第七框架计划（FP7）	2007—2013年	505.21亿欧元	前4点同上；（5）经济增长；（6）扩大就业
地平线2020（Horizon 2020）	2014—2020年	770.28亿欧元	

资料来源：《欧盟"地平线2020"计划》。

二、加快产业创新步伐

德国产业强于创新。2012年，其创新开支达到1370亿欧元，但是主要的增长来自大公司，中小企业的创新支出近年并未增加。因此，政府研究与创新基金将优先扶植中小企业和新公司，扩大创新群体，重点措施有以下几方面。

（一）支持关键技术的运用

联邦政府计划支持中小企业在新技术和服务中使用关键技术。这些关键技术包括"工业4.0"、微电子、电池技术和生物技术。联邦政府与萨克森州（Saxony）联合提供40亿欧元，提高德国在欧洲领导电子部件和系统研究项目（Electronic Components and Systems for European Leadership，ECSEL）的参与度，该项目旨在增加欧洲微电子在世界市场的份额，将于2024年结束。电池的开发和生产对电子移动

（Electromobility）的发展起到决定性作用，新战略中对太阳光电的资助在未来会更加集中，并根据市场环境的变化而调节。"工业 4.0"的自动化项目将用来支持工业生产中网络的开发。对太空研究创新应用的资助，将会提升德国太空工业的竞争力。此外，"INNO 太空"倡议，将太空工业和其他行业联系在一起，以促进技术转移。

（二）加强中小企业创新

支持中小企业的重要项目包括以下几个方面：中小企业中心创新项目（ZIM）提升非技术研究及企业与研究机构合作开展的创新研究；中小企业产业合作研究项目（IGF）的目的是消除基础研究与工业开发之间的间隙；KMU 创新项目资助中小企业进行尖端研究。加强中小企业创新能力的措施有中小企业数字倡议（推动中小企业更多使用 ICT 和电子商务）及走向创新倡议（改进中小企业的创新管理，提高资源与原材料的使用效率）。此外，联邦政府支持在欧盟的研究与创新横向框架项目 2020 中采用以中小企业为导向的资助方针。在欧洲政府间研究倡议尤里卡（Eureka）计划框架下开展的欧洲之星项目（EUROSTARS）也为中小企业研究提供了重要资助。

（三）增加创新型新公司的数量

关于这方面的措施主要包括：通过 EXIST 项目来帮助大学的新兴技术团队，并支持大学和研究机构的创业文化发展；风投补贴项目用免税补贴奖励投资新公司和年轻公司的天使投资企业；高科技新公司基金为新成立的技术公司提供首批资金；以德国硅谷加速器项目拓展德国高科技新公司与全球价值创造中心的合作，目前第二个加速器已在纽约成立，以推动德国企业与美国东海岸及其市场的合作；开展系列活动建立新公司与老牌公司的配对，如 2014 年在汉堡举行的青年 IT 新公司峰会；政府还致力于吸引投资者参与年轻发展公司的首次公开募股；生物技术新公司运动项目支持生物技术类公司的筹备和起步；以走向生物型项目支持生命科学领域中时间长、成本高和风险大技术的开发；通过一年一度的生物技术创新学会，推动创业文化；通过两个欧洲航天局的商业孵化中心帮助新公司将航天技术转移到其他工业领域，促进技术的商业化。

（四）支持落后地区的技术创新

德国颁布的《团结协定Ⅱ》中包含一系列项目支持德国东部研究机构的创新、科学产业中心的形成、跨行业的研究合作、地区经济结构的改进等。同时有一系列针对边缘农村地区的计划，用以增加创新资源，提升基础公共服务，发展区域经济。

三、建构有利于创新的经济生态环境

只有在有利于创新的环境中，才能带来经济的活力和持续增长。政府在此方面的推进措施大致包括以下几方面。

（一）提供技术人才

高质量技术人才是国家发展、繁荣和进步的核心。女性技术人员是最大的未被开发的潜力群体，其他这样的群体还包括老年技术人员、移民和走出校园刚开始工作的年轻人。联邦政府保证技术人员供给主要通过以下方式：激活岗位与就业、提高家庭与工作的兼容性、人人都有教育机会、资质培训/教育、吸收有资质移民。"工作起步者+"项目帮助中小企业吸引大学辍学者加入他们的培训。已经提交的《联邦教育与培训协助法案》的修正案将大幅增加对大学生的学习资助。为吸引国外的技术人才，门户网站专门提供外国人在德国工作和生活的信息，并不断优化自带的试点项目。

（二）更好地资助创新

联邦政府计划使德国成为吸引国际风险资本投资的中心。政府计划在税收等方面实行适当的激励措施，为增长迅速的创新型新公司提供更好的资助和开发机遇，并将对风险资本补贴项目实行免税，政府还计划发展众筹。

(三) 优化技术领域的法律框架与标准

联邦政府计划在标准化、鉴定、评估、市场监控和计量等方面投入大量精力，使本国工业标准与国际标准一致，进而消除非关税贸易壁垒。推进国际合作，扩大与中国、印度等新兴市场的双边合作。

(四) 其他措施

欧洲统一专利方案将很快获批，知识产权将得到有效保护；建立和扩大开放创新平台，使新知识能被各个公司，尤其是中小企业利用而形成创造性成果。制定一个综合的开放资源策略，以有效持续地开放政府资助的出版物。制定解决教育与研究需求的版权法，利用数字技术和网络为教育、科学和研究提供机遇。鼓励州政府和自治区政府在政府采购中选择创新型产品和服务，以激励产业和研究机构的创新表现。

第五节 各国政府致力于打造创新"公私合作"的 PPP 新模式

公私合作（Public-Private-Partnership，PPP）是指政府部门与私营企业通过签订协议来建立一种长期的合作关系，遵循风险共担、互利共赢的原则。PPP 模式对于规避重大创新风险、促进创新资源共享、调动社会融资、有效降低创新成本有着非常重要的推动作用。

从全球范围来看，包括美国、欧盟、日本在内的发达国家大都采用 PPP 模式来打通创新链条，形成创新的经济社会循环。例如，日本早期就开始在各类科技计划中引入 PPP 模式，只是当时没有明确的定义。1976 年，日本就针对超大规模集成电路项目提出了相关计划；2001 年，日本为实现科技富国战略制订了为期 20 年的产业集群计划；2011年，日本为加快科技成果转化效率，提出了研究成果最佳支援计划；2013年，日本政府在科技创新创业方面也开展了创新创业计划。日本科技创新领域中的PPP模式很值得中国借鉴。

第一类是重大创新专项型的PPP模式。以超大规模集成电路（VLSI）项目为例，日本的VLSI项目是日本早期在技术创新领域应用PPP模式的典型项目。自1970年开始，日本逐渐对外开放市场，而其国内的计算机等硬件领域的产品却不尽如人意，受到了美国IBM公司推出的370系统的冲击，来自国际市场的竞争压力使日本政府意识到计算机硬件技术的发展已经成为决定日本未来的关键，因此，大规模集成电路的研发成了当时技术创新计划的重中之重。而无论是从经济状况还是从研发能力来看，单凭政府的能力都是不可能实现的，必须要有企业参与进来，这时日本科技创新领域的PPP模式的雏形出现了，VLSI项目的成功也为日本日后在技术创新计划中大量采用PPP模式奠定了基础。

超大规模集成电路项目（VLSI）由日本通产省（现已改为经济产业省）负责牵头，私营部门主要以日本电器、日立、三菱、富士通、东芝5家大型计算机公司为代表，同时，日本电报电话公司也参与其中，共同形成PPP联合体，即"VLSI研究协会"。为了保证企业的核心技术不被泄露，联合体决定将项目分成两个实验室进行，一个为联合实验室，基于当前比较通用的技术开展研发活动；另一个为企业实验室，主要以企业的核心技术为基础进行研发，这也是联合体的主要部分，占用联合体预算资金的85%。企业实验室也要分成两个小组：一个是富士通、日立、三菱公司组成的计算机开发实验室，另一个为日本电气和东芝公司组成的日本电气—东芝信息系统实验室，这样便可以针对企业的核心技术方向进行联合研究。

第二类是技术转移型的PPP模式。主要以研究成果最佳支援计划（A-STEP计划）为例。自2011年起，由日本科学技术振兴机构（JST）负责组织，并与科技型企业、大学和研究机构合作，制订了一个周期长达十几年的科技领域的公私合作计划——A-STEP计划。A-STEP计划主要目的分为两个层面：一是国家层面，实现日本科技领域的创新发展；二是社会层面，将大学和公共研究机构研发出来的有益于国民经济发展的研究成果应用到科技型企业中，从而实现重大的科技成果市场化，所以A-STEP也是一种技术转移型的支持计划。A-STEP计划目前正在进行中，整体来说已取得以下成绩：第一，创新产品和创新技术的有效开发。例如，开发可水培营养成分分析仪、微成像探头、实现数码音响的信号处理技术等。第二，合资公司及创业型公司的大批涌现。第三，帮助科技型企业获得科技奖项，提高业内声誉，如克隆扫描公司获得"NBK大奖2012"等。

第三类是技术预见型的PPP模式。主要是以创新科技中心的创新创业计划（COI-STREAM计划）为例。日本为了在未来的国际竞争中取得优势，满足其经济复苏的要求，2013年在日本文部科学省开始实施COI-STREAM计划。该计划开展之前对当前社会进行了全面细致的调查，根据调查的结果，对未来10年社会的潜在需求进行预测，最终提供一些有效的预测数据。该计划根据这些预测数据做了未来10年具体的创新性研究和发展规划，同时该计划需要产业界和政府、学术界共同参与，缺一不可。一方面，日本文部科学省将计划委任给JST负责；另一方面，产业界和学术界形成一个COI基地，基地中企业和大学等研究性机构两个重要成员签署共同研究契约，企业提供部分资金，而大学等提供成熟的研究成果或者专利。作为政府部门的代表机构，JST将和COI基地负责人签署委托开发研究契约。这种产学官联盟的公私合作模式成为日本技术创新领域的新型方式。

第四类是合作网络型的PPP模式。主要以产业集群计划为例。日本经济产业省自2001年起实施了"产业集群计划"，进入20世纪90年代后，日本的经济出现疲软趋势，日本政府想效仿西方，通过科技创新的手段带动经济发展。但是由于政府的经济实力有限，难以在日本全国范围内开展大规模的科技富国战略，因此在部分区域内，日本通过PPP的方式来吸引大批的企业投资，从而带动地方经济的发展。日本的产业集群计划与传统的公私合营计划相似，都会设定一个相对较长的实施周期，初步计划实施20年（2001—2020年）。

为了促进区域经济活力，开发区域创新的潜在能力，日本政府在区域内创造出一套产学官联合"三重螺旋"网络，给区域创新的产业化发展营造了一个有利环境。2009年4月，日本政府成立了全国创新推进网络机构，负责日本全国范围内各区域的创新推进工作。该创新网络整合了日本政府的各个方面的资源，包括来自文部科学省、经济产业省、农林水产省等多部门的支持；同时网络内部信息共享，实现了跨产业间的合作，有利于促进日本"区域创新活力"的要求。2011年年底，日本政府整合了区域内优势资源及地方中小企业的技术研发资源，开展了一系列的区域创新创造研究开发项目。私营企业、高校、研究机构形成共同研究体，经济产业省和经济产业局委托职业管理法人，职业管理法人再次委托共同研究体为项目的具体开展做出提案（项目初步预算为34.4亿日元）；并于2012年年末，配合项目的推进，提出了区域创新创造实证研究补助计划。2013年，政府再次提出区域新型产业战略推进计划，该计划中，地方自治体的行政区域覆盖各个地方经济社会（广域经济圈），同样形成了产学官联合网络，将地方的优势资源充分利用到新型增长产业的集群创新上。在产业集群计划中，私营部门在PPP过程中逐渐成为主体，中小企业成为日本经济社会中强大的牵引力量，社会资本也逐渐成为PPP运作中的主要成分。

欧盟实施联合技术行动，建立公私伙伴关系。为加快技术研发步伐，促进企业和大学、研究机构在重要领域结成技术创新战略联盟，欧盟高度重视推动利益相关方建立公私伙伴关系（PPP）。具体做法如下。

（一）联合技术行动（JTI），2007年以来已经启动了5个JTI

新药创制联合行动（IMI）、氢能与燃料电池联合行动（PCH）、航空绿色运输联合行动（Clean Sky）、嵌入式信息系统联合行动（ARTEMIS）、纳米电子学技术联合行动（ENIAC）。每个JTI运行周期为10年，投入经费从10亿欧元到30亿欧元不等，其中FP7提供15%~50%的资助。

（二）为应对全球金融危机、增强欧洲企业竞争力，欧委会根据欧洲经济复苏计划（EERP）启动的3个PPP

欧洲绿色汽车行动（EGCI）、能效建筑（EEB）和未来工厂（FOF），以高强度投入激励企业提高研发和创新能力。以EGCI为例，在2010—2013年，欧委会和有关企业及研发伙伴共同投入10亿欧元，欧洲投资银行还提供82亿欧元贷款，推动清洁能源汽车研发。

（三）根据"创新联盟"旗舰计划的部署，在智能交通、可持续农业和老龄化等领域启动的"欧洲创新伙伴关系"（EIP）

经过评估，欧盟认为 JTI 和 FOF 等 PPP 的实施相当成功，在《欧盟"地平线 2020"计划》中将进一步加大支持力度，并启动新的联合技术行动。EIP 因为启动时间较短，具体实施形式尚在探索之中，其实施效果还有待观察。

（四）成立欧洲创新与技术研究院，建立产学研技术联盟

为了促进教育、科研和创新"知识三角"的互动与紧密合作，加快技术开发与产业化步伐，欧盟于 2008 年成立了欧洲创新与技术研究院（EIT），旨在培养科技创新与创业人才，建立 PPP，推动技术成果转化和工业竞争力。EIT 为独立法人，下设知识与创新共同体（Knowledge and Innovation Communities，KIC），每个 KIC 亦为独立法人，由 5~6 个联合创新中心（CLC）组成。KIC 旨在实现教育、科研和创新的"三位一体"式发展，强化整个研发创新价值链的无缝衔接。KIC 重视高素质创业型的人才培养和知识积累，强化研发创新和创意创业能力；通过主动自觉的研发创新和技术转移，驱动和引导经济社会可持续发展；通过技术广泛的商业化应用、社会创业和市场赢利，回报知识人才培养和研发创新活动，努力形成研发创新价值链的良性循环。

（五）建立金融风险分担机制，促进技术开发和示范项目实施

欧洲投资银行下设的欧洲投资基金创立于 1996 年，在向欧盟创新型中小企业提供贷款担保方面发挥着重大作用。欧洲投资基金的资本主要来自欧盟、欧盟成员国和欧洲投资银行的捐赠款，其中 40% 来自欧洲投行，30% 来自欧盟财政预算，30% 来自所有成员国的金融机构。欧洲投资基金主要通过以下两种形式向中小企业提供融资便利：一是为中小企业提供贷款担保，担保总额最多为其捐赠资本的 8 倍，即 160 亿欧元；二是通过"增长和环境"引导项目对环境项目贷款进行担保。欧洲投资基金提供的贷款担保，欧盟中小企业不仅能比较

容易地获得，而且所获贷款也可享有较低的利率，通常低于市场基准利率。此外，欧洲投资基金还通过参股的形式促使风险投资资金流向创新型中小企业（包括微型企业）。

德国是欧盟主要成员国，德国创新状况的大环境是欧盟整体的创新进程。金融危机之后，特别是2013年，德国开始了新一轮的高技术战略实施计划。联邦政府于2014年9月推出《新高技术战略——创新为德国》，旨在把德国建设为世界领先的创新国家。

第一，新的高技术战略确定了科研与创新的优先主题领域，不仅重视创新活力强、有望促进经济增长的领域，还重视能为当代全球挑战提供解决办法。

第二，推出了更广泛的创新理念：创新不仅是技术创新，而且还包括社会创新。如今德国高技术战略逐渐发展成为全面的跨部门创新战略。

第三，建设多元化创新创业合作实体，重视产业集群和规模化创新体系育成并优化生态环境。德国形成了三大企业孵化模块：加速器、企业工场和孵化器；强调将关联性创新主体（高校、研究所、包括初创企业在内的中小企业、大企业和孵化器等）集聚起来，培育有竞争力的行业上下游链条以及建立可持续的生态体系。从优化整体创业环境的角度出发，德国政府采取一些普惠性措施，如建立面向社会公开的创业咨询机构数据库，并在高校中设立企业家精神教席，培育企业家精神等。

德国拥有较为完善的创新体系，各创新主体分工明确，如高校专注于知识的传播和基础研究，研究机构大多专注于应用研究、技术开发，与企业结合更为密切，而企业的研发活动则专注于技术的商业化。基于明确、合理的分工，更加容易形成合理、高效、稳定的依托创新链条、价值链条的创新网络。德国创新战略实施以来，德国快速、成功地实现了经济复苏，全球竞争力也日趋增强，这可以说是在德国雄厚工业基础上，实施高技术战略所带来的显著效果。

第六节　以制度创新为重点，为科技创新和创新增长保驾护航

虽然美国"再工业化"战略和德国"工业4.0"计划都强调通过科技创新改造传统产业或培育战略性新兴产业，但事实上制度创新对于"再工业化"和"工业4.0"的提出和实施发挥了更为重要的作用，并且为科技创新提供了必要的支持和激励政策。美国"再工业化"战略特别注重政府、企业与学术界之间的紧密合作。为了保障"再工业化"战略的有效实施，美国政府出台了一系列政策和法案，如2010年在清洁能源技术与产业、信息通信、材料与先进制造业等领域制定了新的计划和政策，以大力发展高技术产业和战略性新兴产业。2011年美国政府推出"先进制造伙伴"计划，并由道氏化学公司和麻省理工学院协同合作以促进技术进步。德国"工业4.0"计划的制度创新在于"产官学"的合作方式贯穿于"工业4.0"计划从提出到具体实施的整个过程。政府为科技创新提供必要的资金支持和政策优惠，以德国国家科学与工程院为代表的学界与德国大中型企业密切配合，将科技创新迅速投入生产实践过程中。同时，"工业4.0"计划提出"领先的市场战略"，强调国内制造业市场的有效整合，并特别注重设计一套全面的知识和技术转化方案，以帮助小企业融入全球经济价值链。

欧盟制订了一系列创新行动计划，推动欧盟向创新型地区发展。近年来，初创企业逐渐成为欧洲重要的增长动力。一直以来，如何创建一个"硅谷"都是欧洲的计划，然而欧洲许多国家仍更倾向于支持国内大型龙头企业。因此，在全球上市500强企业中，欧洲公司通常比世界上其他同类的竞争公司年代更久远。近年来，欧洲决策者们也开始更加重视初创企业，研究表明，这些企业推动经济发展的效果越来越显著，尤其是基于互联网的一些初创企业已经迅速跃居全球市值最大的企业之列。

同时，初创企业能够提供大量就业机会，如应用服务经济（App Economy）仅在欧盟就已创造了 180 万个就业机会。

随着政府部门对初创企业的关注度逐渐增加，问题重点已经从讨论是否要支持初创企业转变为具体应该怎么做。鉴于此，2013 年，来自欧洲 8 家拥有尖端技术和全球竞争力的互联网新创公司的 9 位创始人（或联合创始人）联合起草了一份《创业宣言》（Startup Manifesto）。这份 14 页的创业路线图包含了 22 个行动要点，旨在激发欧盟 28 个成员国加强对改进"创业生态系统"以及制度框架等方面的讨论。截至 2016 年 9 月，已有超过 8000 人在宣言上签字，这份宣言已经发展成为一项跨欧洲的行动，同时还带动欧盟成员国中 10 余个国家派生出了本国各自的《创业宣言》。

第七节 "以人为本"，全球主要发达国家和新兴国家加大科技创新人才争夺

要做"创新强国"必须把人才作为国家竞争力的最核心要素。创新驱动实质上是人才驱动，科技创新人才是主要国家竞相争夺的核心战略资源。无论是美日德等发达国家，还是巴西、印度等新兴经济体都把人才战略上升为立国战略。

一、美国

美国是当今世界第一科技大国和科技强国，高水平科技人才，特别是海外高水平科技人才，对美国发展起了举足轻重的作用。因此，各届美国政府都非常重视吸引海外科技人才。为了帮助获得急需科技人才，美国政府专门实施了 H-1B 签证制度，颁发给至少具有学士学位并从事专业工作的人才。持有 H-1B 签证的人最长可在美国工作 6 年，并且美国政府还对持有 H-1B 签证的人申请绿卡时给予便利条件。目前，美国政府每年大约发放 H-1B 签证 8.5 万份，其中大约 2 万份发给在美获得硕

士及以上学位的科技人才。为了在全球范围内更进一步吸引和留住高水平的科技人才，美国政府也进行了一系列移民制度改革计划，使合法移民程序简单而又高效。

二、欧盟

欧盟科技人力资源政策的发展与全球视野下科技人才流动的进程是密不可分的。欧盟在 2007 年推出的"蓝卡"计划，提出"蓝卡"持有者除在某些特定的福利方面与欧盟成员国公民有所差别以外，在其他方面可享受到接收国国民的同等待遇，比如社保、就业和薪资待遇的权益。在欧盟第七研发框架下，欧盟相关机构还设立了"玛丽居里行动计划"，为处于职业生涯各个阶段的科研人员提供不同类型的资助和奖励，到 2013 年，欧盟通过该计划为 14000 名研究人员提供资助。"玛丽居里行动"主要包括：构建科研启动期培训网络、终身学习和职业发展、建立产学界合作伙伴关系、国际合作经费（主要包括出访学者奖学金、来访学者奖学金及国际科研人才回流资助）及"玛丽居里行动"奖励。同时，欧盟内部各成员国根据本国的经济实力和科技发展战略需求，也都制定了具有较强针对性的引进海外高水平科技人才的政策以吸引全球科技人才。

三、日本

为了在日益激烈的国际竞争中占据有利位置，日本政府大力吸引海外优秀科技人才赴日本工作。其中，日本政府委托日本学术振兴会实施"外国研究人员招聘计划"，旨在吸引外国特别是发达国家的优秀青年研究人员到日本的大学和科研机构从事研究工作。日本文部科学省则从 2009 年就开始实行"大学国际化网络形成推进事业"，选定国内优秀大学通过国际公开招聘的方式聘请外国教授到日本大学任职。还有部分大学计划大幅提高外国教师的比例，扩招留学生以及扩大英语授课课程门数。

四、印度

印度历史上科技人才流失的情况也非常严重,但是自20世纪90年代以来,印度政府已经意识到科技人才的重要性,开始重视海外科技人才,并推出了一系列吸引海外科技人才的相关政策。印度于2012年开始推出"海外印度人卡"计划,其本质是一种移民签证,旨在允许居住在国外、拥有外国国籍的印度裔人士长期来印度居住。另外在同一年,印度政府部门还推出了"学习印度"计划,目的是为海外印度裔子女提供进入印度高校进修机会,同时印度政府还为入选者提供基本生活保障等。

第五章

创新作为经济发展第一动力的制度创新

十八大以来,习近平总书记把创新摆在国家发展全局的核心位置,围绕创新驱动战略提出一系列新思想、新论断、新主张。遵循从"创新型国家"到"创新驱动",再到"创新立国"的战略演进,我们认为,在未来中国经济社会发展的更长阶段里,我国必须发挥"新型举国体制优势",全面确立并实施"创新立国"战略,以技术创新和制度创新作为"双轮驱动",形成从"旧三驾马车(投资、消费、进出口)"到"新三驾马车(技术、人才、资本)"的动力转换,以更高的创新强度推动经济可持续发展,实现"国家强盛、人民富裕、生产力极大丰富(即强国富民兴邦)",到2020年真正迈入创新型国家和人才强国行列。总而言之,深入推进"创新立国"战略是中华民族的世纪大业,需要中国抓住机遇,克服挑战,打造国家创新体系升级版。

第一节 加快形成从"旧三驾马车"到"新三驾马车"的动力转换

当前,我们必须充分意识到,我国在创新发展的过程中仍然存在着许多深层次的问题,创新制度与创新作为经济发展第一动力的战略需求极不适应,单兵突进现象依然十分严重,由于体制机制不配套,创新阻力依然很大。因此,创新驱动不仅仅是要素动力转换问题,更是一个制度变革问题。我们必须树立全新的创新发展观,持续完善国家创新政策体系,做好战略部署和制度创新的顶层设计,形成从"旧三驾马车(投资、消费、进出口)"到"新三驾马车(技术、人才、资本)"的动力转换。

第二节 全面确立"创新立国"战略的顶层设计与组织保障

从主要创新大国经验来看,美国设有内阁级的"国家科技委员会",由总统亲自挂帅。德国设有"创新与增长咨询委员会"和"经济界科研联盟——面向未来市场的科技研发"。英国在创新技能部设有"国家技术战略委员会"(TSB)。中国"产学研金智人"资源分割,国家战略整体推动力不足,建议借鉴发达国家经验,由最高领导统帅,成立国家创新委员会("创新委")。"创新委"的主要职责是统领国家创新重大战略部署及实施方案,完善创新体系的市场化资源配置模式,实时根据全球竞争动态,从顶层形成国家战略与国家意志,从制度和法治上贯彻和保障"创新立国"发展道路。以持续推动"国家创新行动计划"为主线,在国家层面组建"开放创新联盟",以市场配置资源为主导,加快创新产权交易市场建立,有效解决我国科技成果转化率低、创新成本高、科技管理体制改革滞后、以及创新资源分散等问题,推动我国进入以"开放创新、大众创新、协同创新"为主要特征的"创新2.0时代"。

第三节 企业成为"主发动机",形成大中小企业协同创新生态体系

创新成为经济发展第一动力的破题关键是要使企业成为经济发展的"主发动机",打造大中小企业协同创新体系。

一、推动以企业为创新主体的市场化改革

企业是创新主体,创新必须依靠企业家群体,包括大中小企业。企业家必须转变观念,企业发展有更多依靠资源利用,扩大规模,甚至市场套利,转向依靠技术创新,提高效率,形成庞大的创新集群。为此,一是要推动生产要素的市场化改革,加快资源价格形成机制改革及产业组织调整,健全反映稀缺性和环境影响的资源价格机制和税收体系,构建促进企业技术创新的压力机制,形成促进企业创新的市场倒逼机制。二是要进一步完善市场竞争环境,要建立公平的市场准入规则,要努力消除实际存在的行业垄断和市场分割,构建更加公平公正、开放统一的市场环境,构建普惠性创新支持政策体系,创造各种所有制企业公平竞争、平等获得资源的市场环境。深化国有企业改革,完善国有企业业绩考核体系和国有企业经营者考核任用制度,将创新投入和创新效益纳入考核体系当中。加强知识产权保护,使创新产品、技术、专利等得到有效保护,激发企业创新热情。三是要调整和制定需求政策,为企业创新产品提供市场空间。要有重点地落实政策,降低企业创新的成本和风险,如切实落实研究开发费用税前加计扣除政策,以多种方式加强鼓励创新的需求政策。进一步细化政府采购政策,发挥政府采购对创新的激励作用。四是要优化产业环境,提高产业集中度,减少行政性垄断,形成集群创新机制。

二、构建企业为主体的协同创新模式

长期以来，我国科技经费配置以高等院校和科研院所为主，创新平台和科技人才都远离企业，不仅导致科研成果偏离产业化实际需求，科技成果转化率低，还使得龙头企业、旗舰企业难以发挥产业创新骨干和纽带的作用，不利于产业技术水平和国家创新资源投入产出效率的整体提升。今后需将有明确产业化目标的科技计划更多交由企业主导。对于面向重大战略产品或大型工程的计划，更多地采取政府补贴、贷款、融资等多元化投入方式，让企业成为创新资源配置的主体。改革先研发、后产业化的研发模式，把企业需求作为技术创新项目的来源。

三、设立国家基础工业共性技术创新基金

将分散在政府不同部门的基础工业共性技术创新资源统一起来、优化配置，设立"国家基础工业共性技术创新基金"，用于持续、稳定、集中地支持国家共性技术创新研究院及行业共性技术创新基地开展重大产业共性技术创新活动。国家基础工业共性技术创新基金的用途，一是支持共性技术创新研究院日常运行，此部分费用通过政府购买服务的方式支付；二是支持重大共性技术研发的公益性项目，此部分费用通过项目竞争性招投标方式支付。基金要充分发挥作为政府财政投资的导向作用，给予上述重大产业技术创新活动稳定、持续和集中的支持。国家基础工业共性技术创新基金可采用项目投资、贷款贴息、风险补偿、后补助等方式相结合进行，要发挥财政投资的导向作用，以财政资金与市场融资相结合，建立多元化、多渠道、多层次的投融资机制，吸引地方政府、企业和社会资金参与，引导社会创新资源向国家产业战略方向集聚。

四、建设国家级创新工程中心，增强工业基础的创新能力

长期以来，我国存在比较严重的"技术孤岛"现象，创新资源要素在产业链各

环节上的多头部署和分散投入,导致一些重点领域迟迟无法实现整体突破发展。今后需整合企业、科研院所、高校等各类主体,以企业为主体,以独立法人形式建立国家级创新工程中心,统筹科技发展规划,优化科技资源,鼓励领军企业建立国家级共性技术和前瞻性技术研发机构,支持大企业建立国家重点实验室。加大对大企业集团担负国家科技发展战略课题并在政策、资金和项目协作等方面的支持力度,使大企业集团在国家创新驱动发展战略中发挥更大的作用。特别是应该在关键技术研发、创新团队培养、核心技术产品开发三方面发挥国家重点实验室的提升企业自主创新能力的作用。选择部分与产业发展关系较为密切的国家重点实验室来试点实施"国家重点实验室对企业开放计划"。

五、推动大企业建立"双创"平台

大企业拥有极强的资源整合能力,内部拥有强大的技术、数据和管理能力,同时也能有效整合产业链上下游资源。越拉越多的大企业,开始利用技术、资金等资源优势,集中力量建立了一批开放创业创新平台,也有一些大企业挖掘利用第三方开放创新平台资源潜力,弥补企业自身创新发展短板,实现了企业创新能力的显著提升,也给社会搭建了开发的"双创"平台。腾讯发布的《2016年创新创业白皮书》显示,2016年腾讯线上开放平台创业公司达到600万家,帮助平台企业上市达到20家,腾讯开放平台的合作伙伴总估值已突破3000亿元,第三方总收益超100亿元。截至2015年年底,在全国各地共建30个众创空间。据测算,腾讯开放平台自成立以来已拉动经济近500亿元,促进就业人口近1100万。面向个性化、多样化市场需求,鼓励大企业开放流量资源、资金资源、平台资源、伙伴资源、导师资源和市场资源,推动产业链协同创新与生态化发展,向"抱团"发展转型。加强对国有企业"双创"的指导和考核。引导传统领域大企业将淘汰产能、处置僵尸企业形成的闲置场地建设成众创空间。鼓励大型科研院所利用已有的设备、人才和技术优势,建立提供科研服务的"双创"平台,降低中小企业创新和创业成本。鼓励大学和科研院所人员依托大企业"双创"平台转化研究成果。建议在全面创新改革试验区、国家自主创新示范区等创新资源密集区域，打造一批具有全球影响力的国际创客中心，汇集全球创客来华创业。要制定分区域、分行业的大企业"双创"政策，加快先行区域和行业成功经验推广，支持转型任务较重的区域和行业积极探索"双创"新路径、新模式。

六、打造中小企业为主体的创新体系

中小企业量大面广，对市场需求反应最灵敏，适应市场需求进行创新的愿望最强烈，与创新是天然的盟友。改革开放以来，我国65%的发明专利、75%以上的技术创新、80%的新产品是由中小微企业完成的，部分中小企业经过创新成长为跨国公司。今后，关键要在以下几个方面加大工作力度：进一步完善财税资金政策对中小企业创新的资助机制。改变财政资金投入方式由直接资助为事后补贴，鼓励中小企业创新，组建专家咨询委员会，由委员会选举一批有重大创新的中小企业，给予财政资金。建立健全创新支持服务体系。采取政府引导、市场化运作、开放服务的方式，在中小企业比较集中和具有产业集聚优势的地区，重点支持建立一批公共技术服务机构，为中小企业技术创新提供设计、信息、研发、试验、检测、新技术推广、技术培训等全方位服务，为中小企业自主创新提供场地、仪器设备、技术人才等支持。加快建立中小企业保护知识产权支援体系。通过政府购买的方式，由国家购买一批限制中小企业技术创新的专利，支持我国中小企业创新。组建中小企业知识产权保护联盟，提高中小企业知识产权整体保护能力。加大对中小企业创新发展的金融支持。建立健全创业投资机制，促进风险投资机构发展，建立风险投资资本市场；完善技术交易市场、产权交易市场，促进技术与资本的有机结合；鼓励金融机构开展对中小企业的金融产品创新，完善金融服务，对符合条件的企业可开展知识产权和非专利技术等无形资产的质押贷款试点，加大对中小企业技术创新的金融支持；积极推进多层次的信用担保体系建设，鼓励开展针对中小企业技术创新的多层次信用担保。

第四节　积极打造全面创新制度保障体系与创新生态系统

一、让市场在创新资源配置过程中发挥决定性作用

在我国创新驱动发展的过程中，一个很重要的问题就是如何界定企业主体与政府主导的边界问题，而这一问题实质上就是政府与市场关系问题在实施创新驱动发展战略中的具体体现。当前，中国致力于构建现代市场经济体系，创新驱动就是要在现代市场经济体制下要提高要素资源的配置效率，推进技术创新顺利进行，必须处理好政府与市场的关系，通过市场机制的纽带整合这些分散独立的资源，并让市场机制在配置这些资源时发挥决定性作用，在充分释放市场配置创新资源能量的基础上，更好地发挥政府的引导与调控作用。

从经济发展规律角度看，市场提供了技术创新所需要的价值发现、公平交换、评价尺度、止损退去等功能，成为"产学研资政"一体化最佳的连接纽带。只要市场的价值机制、竞争机制、供求机制及价格机制顺畅地发挥作用，"产学研资政"就会在市场这只无形之手的指挥下，既各就其位各得其所，又能相互连结协调配合，形成一个利益共同体。只有通过市场机制的纽带把各类要素连结在一起，创新才能有始有终、转承启合及协调联动。市场纽带推进产学研资政一体化，不仅能整合创新资源，提高资源配置效率，而且能协调技术创新要素资源投入主体的利益。

二、建立创新产权化与创新资本化的法律框架

就本质而言，创新资本化本身就是一种产权化的创新，构成了经济增长的原动力，为此需要以下几方面。

（一）建立完善的国家科技成果知识产权管理制度

尽快立法明确创新成果转化的转化责任和权利。促进知识产权的有序转移和进一步商业化。进一步完善我国《关于国家科研计划项目研究成果知识产权管理的若干规定》《关于加强国家科技计划知识产权管理工作的规定》，明确国家科技计划实施中的管理和承担单位对其研究成果享有知识产权，允许政府实验室和公立大学保留技术成果的知识产权，有权实施知识产权的商业化，并有义务按R&D投资比例建立相应的管理机构，从事知识产权管理和技术转移。

（二）重塑面向市场的应用技术创新体系

实施知识产权的创造—保护—活用战略。特别是促进知识产权转让和流通，使技术创造和研究开发成果产业化，政府采购向战略新兴产业倾斜，可以推出对战略新兴产品和服务的首购、订购制度，刺激市场更快地发展和培育，实现科研成果的产业化。规范发展要素与产权交易市场、风险资本与技术资本和创新资本对接。对技术和知识进行定价，促进知识产权交易和技术交易市场的完善和发展。

（三）尽快出台国有科技成果无形资产管理办法

可借鉴美国《贝尔—多尔法案》（The Bayh-Dole Act）允许高等学校、中小企业和非营利组织对政府资助所得的研发成果拥有专利权的做法，一是改革国有科技成果无形资产管理体制，对技术类无形资产处置等的相关配套文件出台明确的授权、实施细则及流程指导，赋予单位、研发团队、科技人员对科技成果使用、处置和收益管理的自主权，简化行政审批、备案程序。二是改革国有科技成果类无形资产定价机制，允许通过协议定价、挂牌交易、拍卖等市场机制方式确定科技成果价格。

（四）建立以保护知识产权为核心的市场化分配制度

要鼓励科技人员依靠科技入股的形式参与企业生产经营活动，鼓励科技人员利用自己的科研成果创办高新技术企业，促进高新技术科技成果的产业化。为重点保护和落实科技人员的技术权益，可以实行技术入股、科技人员持股经营、技术开发奖励制度等，使技术和成果真正成为生产力要素，并在参与企业的经营和分配中获得其应有价值。促进科研成果转化为生产力。创新链条包括创意、研究开发、成果转化到产业化应用和开拓市场的全过程。知识产权产业化的收益抵扣成本费用后的净收益应归创新成果完成人所有。

三、关于创新供需管理的重大制度创新

激发创新动力关键在于营造有利于创新的市场环境，不断激励创新主体积极性，以达到需求侧创新政策与供给侧创新政策的合理匹配，比如探索建立与国际采购规则兼容的支持自主创新的政府采购制度。从国际经验看，利用政府采购政策激励技术创新是创新型国家最为普遍，也是最为成熟的政策工具，包括：一是重视商业化前的政府采购，使创新供给与创新需求相适应，并引导企业对前沿性创新进行技术研发。二是偏重于创新型中小企业的采购扶持。如美国小企业创新研发计划、澳大利亚维多利亚州政府智能中小企业市场验证计划、英国小企业研发行动计划等。三是多采用分阶段竞争性采购，培育公平开放的市场竞争环境。我国可以围绕重要的新兴产业和战略性产业、高技术产业等领域，建立更高质量、更高技术标准的研发体系，培育企业自主创新能力。许多发达国家都通过政府采购制度积极扶持初创企业或创新型中小企业，坚持扶植中小初创企业与大企业战略并举。美国《拜杜法案》注重引导大企业与小企业创新合作，通过立法的方式支持企业之间进行合作研究开发，规定大企业要把承担政府采购合同份额的20%转包给小企业，大大加快了技术产业化进程。此外，各国高度重视完善政府采购制度，加大政府在创新创业过程中的关键引导作用。美国联邦采购局专门设有小企业采购代表处，负责协调联邦政府

向中小企业或创业企业的商品采购，并以政府采购合同形式扶持创业企业科技创新活动。《德国2020高科技战略》也明确提出创新取向的公共采购。建议：一是探索建立科技创新财政资金综合投入机制，建立各部门联动投入、协调合作机制。加大财政资金用于基础研发、创新人才、知识产权等软投入的比重，提升项目单位科研经费使用自主权、支配权和收益权。二是探索支持自主创新与国际采购规则兼容的政府采购模式，积极实施商业化采购，从直接采购产品向布局计划、合作研发、远期采购等方式转变，推进公私创新的PPP计划。

四、加快完善以R&D为重点的国民新经济核算体系

当前，中国国民经济核算体系明显滞后于国际新标准，也难以符合中国创新驱动经济发展的内在要求。2015年，国家统计局积极推动国民经济核算体系改革，将研发（R&D）作为中间品投入计入固定资本，将研发支出从中间消耗修订为固定资本形成，未来还将研究制定"三新"经济增加值核算方法。建立健全与新经济相关的统计分类标准，比如战略性新兴产业标准、高技术产业分类标准，正在修订国民经济行业分类标准、战略性新兴产业分类标准，比较全面地反映新经济活动。

因此，建议研究制定以R&D为核心的激励政策体系，推动经济向创新驱动转变。

一是国外税收优惠对企业创新的激励在很大程度上是放在R&D的投入上，而我国现行的科技税收激励政策的优惠重点却在生产投入和应用环节，对R&D活动的支持较为薄弱。因此，未来税收激励政策应加强对R&D投入的优惠力度。

二是允许企业建立研发基金制度。国外政府为分担企业研发风险，允许企业按标准提取一定的费用，用作科技开发基金，直接用于高新技术企业R&D活动。建议制定具体的税收激励措施，允许企业按照营业收入的一定比例提取研发基金，在税前抵扣。

三是提高普惠性财税政策支持力度。统筹研究企业所得税加计扣除政策，完善企业研发费用计核方法，调整目录管理方式，扩大研发费用加计扣除优惠政策适用

范围。按照税制改革的方向与要求,对包括天使投资在内的投向种子期、初创期等创新活动的投资,统筹研究相关税收支持政策。扩大促进创业投资企业发展的税收优惠政策范围,适当放宽创业投资企业投资高新技术企业的条件限制。在加大科研人员股权激励力度方面,确定科技型中小企业的条件和标准。结合个人所得税制改革,研究进一步激励科研人员创新的政策。坚持结构性减税方向,逐步将国家对企业技术创新的投入方式转变为以普惠性财税政策为主。完善高新技术企业认定办法,重点鼓励中小企业加大研发力度。

第五节　构建和完善多层次科技金融体系与政策工具供给

金融链、创新链和产业链融合是落实科技与金融结合,实现创新驱动发展战略最重要的切入点和着力点。科技金融体系作为国家的战略投资体系,通过运用政府财政投入、企业研发和产业化投入、创业风险投资、银行信贷投入、资本市场融资和科技基金等手段,发展面向科技创新的债券市场,设立各类专项发展基金,从创业投资、创新风险基金、政策性金融到上市融资,形成具有多样化的市场准入制度、项目孵育手段、资金来源渠道和退出机制的科技融资体系。

美国建立专业化的科技银行来支持创新产业化过程。如美国硅谷银行主要向处于各种发展阶段的科技型中小企业提供融资和信贷支持,建议考虑组建中国国家科技投资银行,尽快研究和制订国家科技投资银行的组建方案,重点在于整合政府和公共部门已有的中小企业资助计划(包括在科技部下的科技型中小企业技术创新基金、科技型中小企业创业投资引导基金、中小企业发展专项基金、中小企业国际市场开拓基金以及火炬计划、星火计划等),争取财政新增注资,并设计市场化导向的治理结构和业务模式。进一步推进风险资本基金、成长贷款基金、创新基金,实施研发种子资本计划,发行科技债券,加快战略新三板等多层次资本市场建设。此外,积极发挥政策性金融优势，完善风险补偿机制。全面探索和完善包括资助、补助、补贴、奖励在内的政策性金融服务体系，利用财政贴息、担保风险补偿等手段建立技术创新风险补偿机制，为企业技术创新和商业化转化提供杠杆融资等金融供给。

第六节　通过创新人力培育、流动等制度全面实施人才战略

创新成为经济发展第一动力要求必须"以人为核心"，全面实施创新人才和人力资本战略。

一、创新人才培养制度

建立杰出人才特殊成长通道。以高等教育为突破口，以世界一流大学和创新工程学院为主要载体，加快各类高质量人才聚集；通过各类孵化器和科技园、风险投资机构、创业培训机构、创业资质评定机构、小企业开发中心等，形成一个大学、企业、产业良性互动式发展的创新教育生态系统，有效地开发和整合社会各类创新资源，使创新教育逐步形成一个完整的社会体系和教育体系。

二、创新人才流动制度

畅通大学、科研机构与企业之间人才双向流动机制。加快建设人才公共服务体系，健全科技人才流动机制，鼓励科研院所、高等学校和企业创新人才双向交流。在国家政策宏观调节下，按照市场规律，以利益驱动为前提，通过建立完善人才流动的竞争机制、激励机制、柔性流动机制等方式，按社会主义市场经济资源配置效益理论来引导人才资源的合理流动。消除长期困扰我国人才流动的身份壁垒问题，

将以行政级别为主的"身份管理"转变为以职务聘任为主的"岗位管理"。加快建立统一规范的社会保障制度，为创新型人才流动解决后顾之忧。

三、积极创新海外人才引进制度

构建面向全球的创新人才招聘机制，健全技术移民管理体制，建立系统化的技术移民体系，进一步改善我国签证审批制度，破除阻碍国际人才流入的障碍，尽快推进技术移民立法工作，聚集全球顶尖科技创新人才。

四、加快完善创新人才评价/薪酬制度

"不拘一格降人才"，建立以科研能力和创新成果等为导向的科技人才评价标准。改变片面将论文数量、项目和经费数量、专利数量等与科研人员评价和晋升直接挂钩的做法，根据不同类型科技活动特点，注重科技创新质量和实际贡献，制定导向明确、激励约束并重的评价标准和方法。具体来说，基础研究以同行评价为主，特别要加强国际同行评价，着重评价成果的科学价值；应用研究由用户和专家等相关第三方评价，着重评价目标完成情况、成果转化情况以及技术成果的突破性和带动性；产业化开发由市场和用户评价，着重评价对产业发展的实质贡献。加快以知识资本和创新资本为导向的薪酬分配制度。

五、全面深化教育制度改革

第一，建立拔尖创新人才特殊培养机制。建立杰出人才特殊成长通道。在精英人才培养上，建立拔尖少年基金会，完善基金会运作机制，接受社会监督，加大对拔尖少年的培养经费支持力度。扩大重点高等院校对拔尖少年的招生培养自主权，教育部应成立专门的天才学生部门。

第二，深化高考制度改革。改变宽进严出的做法，提高对学生的评价标准。增

加对创新能力内容的考察，使整个教育体制按照良性轨道运行，共同培育创新人才。教育评价多元化。给学生建构逻辑一致性科学体系的思维工具（哲学、逻辑学、批判性思维），让学生学会用科学的方法去探究科学问题。给予高校对高创新潜质的学生自主选拔权。让大学杰出教授直接面对优秀中学生，直接遴选具备优秀潜质的学生，并建立和完善创新人才评价指标体系，拥有对拔尖创新人才的自主选拔权。

第三，按经济社会发展需要培养创新人才。把满足经济社会发展特别是重大产业工程、科技创新工程的需求作为学科建设导向，加强高科技企业与高校的联系，可以通过邀请企业中的科学家到高校担任客座教授，企业与高校共同开展课题研究，为学生提供到企业研发机构实习机会，通过产学研合作在教育与经济社会需求紧密结合中共同培养创新人才。

第四，提升教师队伍的创新引导能力。改变教师评价标准，提高培养科技创新人才的教学能力。教育行政部门和各高校需制定出创新教育的师资队伍建设规划和激励政策，通过培训、研讨、观摩、进修等多种途径，掌握创新教育的规律、方法及技术，逐步提高高校教师培养科技创新人才的能力。深化教师薪酬体系改革。高质量的教育要有高投入，建议加大改革力度，通过学费改革、鼓励社会捐赠等途径增加社会对教育投入，形成稳定经费来源，提高教师稳定性收入，做到收入与科研经费脱钩，创造潜心教学和研究的环境。

六、大力深化科技体制改革

影响科技人员创新积极性的因素比较复杂多样，总的来说有内外两个方面。内部因素主要是个体受教育的程度和质量、个人成就动机和创新效能感等，但外部影响因素亦不可轻视，如科研管理制度、收益分享制度、科技成果评价制度、传统文化等。目前，我国在激发科技人员创新积极性的外在体制和社会氛围方面还存在一定的问题，需要采取针对性的措施：完善科研管理体制，淡化行政色彩，取消科研单位的行政级别；探索实施科研关键岗位和重大科研项目负责人公开招聘制度；规范和完善专业技术职务聘任和岗位聘用制度，扩大用人单位自主权。

七、以人为本设计创新成果转化激励机制

明确人的创新劳动而非物质资本是创新成果的源泉。设计新的激励机制应在理论上有所突破。人力资源和物质资本是价值创造的两大重要来源,在以往的一般商品时代资本稀缺,物质资本是价值创造的重要来源;当前已进入创新时代,人力资源越来越成为经济发展的稀缺资源,在创新中人的因素越来越重要,成为创新成果的主要来源,也是创新成果的核心贡献者,大量的资本开始追逐创新人力资源,创新劳动有充分权利要求在参与创新成果转化收益分配过程中占主体地位。在一般商品的分配过程中,资本拿大头,劳动者拿小头;在创新成果的分配过程中,创新劳动作为高级、特殊的复杂劳动,所创造的价值远超过其本身的价值,创新劳动必然要求分得更多权益,应是创新者拿大头,资本拿小头。

第七节 构筑开放式创新体制机制推动融入全球创新体系

在创新全球化与全球科技创新日趋激烈的大趋势下,首先,要将自主创新与开放式创新结合起来,积极构建跨国技术转移平台,引导建立国际化产业创新联盟,构建全球创新超级链接器,汇聚全球创新资源。其次,通过自贸区战略,以及双/多边投资协定集聚全球创新资源,加快融入全球创新网络,构筑从国家创新系统到全球创新系统的政策支持体系,使我国从后发大国成为全球新的创新中心。再次,特别是在"十三五"实行对外资的准入前国民待遇与负面清单管理新模式框架下,要更加注重提高利用外资的质量,使引资与引技、引智更好地结合,鼓励外资更多地投向先进制造、高新技术,在中国设立研发中心。在中国对外投资加快发展的形势下,既要支持国内企业有效开展产业投资,也需同时推动国内先进技术设备、产品、标准、品牌走出去,开拓国际市场。在条件允许时,积极投资设立海外研发型

机构，以并购、参股等多种方式投资科技水平高的项目。最后，大力发展技术贸易，建立以自主知识产权为核心的国际创新技术合作、集成创新、开放式创新的良性循环机制。可通过军品贸易产品来提升我国的国家科技创新能力，通过中高端国际军品贸易市场，整体带动我国的高端装备制造业水平。

第二篇 专 题

专题一

供给侧结构性改革的核心是实现创新增长

中国经济发展进入"新常态"的表现之一，就是 GDP 增长不再保持 2012 年以前接近 10% 的高速度，我们应该认识和适应这种状态，唯其如此，才能保持足够的战略定力，积极引导新常态，通过结构调整和发展方式转变，把经济增长动力从投入驱动转向创新驱动。特别是需要从供给侧认识经济增长，观察导致潜在增长率下降的因素。

第一节 中国经济放缓的供给侧结构性因素

第一是劳动力的持续短缺从而导致工资上涨。与任何商品一样，数量出现短缺，价格就上涨。在一定时间内，工资的上涨可以用劳动生产率的提高去弥补，但是如果劳动力短缺过于严重，工资上涨得过快，劳动生产率增长速度跟不上，就会导致单位劳动成本的提高。单位劳动成本与工资成正比，与劳动生产率成反比。其过快提高，意味着与发达制造业国家相比，我们在制造业上的比较优势趋于下降。

第二是新成长劳动力和人力资本逐渐减少。新成长劳动力包括各级各类学校每年毕业未升学和辍学的年轻人，即每年真正进入劳动力市场就业的人。这部分人也代表着人力资本的增量。新成长劳动力增长速度下降，也就意味着人力资本改善速度下降。计算表明，从 2014 年到 2020 年，每年新成长人力资本的增长率是负 1.3%。

第三是资本大规模替代劳动，导致资本劳动比的过快上升，进而，如果人力资本不能同步得到改善的话，资本回报率则不可避免下降。根据白重恩等人计算，2008—2013 年期间，资本回报率下降了 45%。这也是投资增速下降的主要原因。

第四是资源重新配置效率的空间缩小，传统模式下的城镇化也即将减速。过去经济增长既靠生产要素的积累，也靠全要素生产率的提高。而在中国，接近一半的全要素生产率的提高来自劳动力从生产率低的部门转移到生产率高的部门，即资源重新配置效率。这种趋势很可能也会越来越弱，甚至会逆转。真正的农民工增量来自 16 岁到 19 岁的农村人口，这部分人口在 2014 年达到峰值，此后开始绝对减少，相应的，农民工增长率也减慢。这意味着疾风暴雨式的劳动力转移，其实现的资源重新配置也即将结束，全要素生产率的提高速度也会大幅度地减慢。为此，我们将对全要素生产率进行进一步考察。

一、全要素生产率（TFP）对增长的贡献考察

2013 年中国 GDP 经 PPP 调整后的增速为 7.23%，回落至 2000 年以来的最低位。从经济核算角度，经济增长主要可以分解为五个部分：资本投入（非 ICT）、ICT 资本投入、劳动力数量、劳动力质量、全要素生产率。

我们对五个部分的增长来源进行分解，发现结构性问题非常突出。资本投入（非 ICT 类）对增长的贡献达到 5.97%，是拉动经济的绝对主力。除开资本投入，其他增长动能明显乏力，劳动力数量和质量的贡献分别为 0.14% 和 0.10%，中国经济的廉价劳动力人口"红利"确实已经退潮。互联网引领下的新经济领域内，TMT 行业大热，带动 ICT 资本投入贡献了 0.98% 的增长。最后，全要素生产率（TFP）对 GDP 的贡献仅为 0.04%。TFP 已接近于 0 的水平，中国经济遇到的全要素生产率挑

战非常突出。

金融危机后，中国经济增长的主要来源从效率改善转换至投资拉动。根据白重恩等相关学者的研究，从中国人均 GDP 增长率的口径来看，1979—2007 年，经济增长平均速度是 9.8%，其中 6.7% 是由全要素生产率的增加所带来的。全要素生产率增加一方面改善了效率，同时也使得人们更愿意投资。所以在改革开放的 30 多年里，全要素生产率的增长或者说效率的改善对于经济增长起到了最重要的作用。

但是，金融危机后的 2008—2011 年这四年，经济增长平均速度是 9.7%，增长来源开始发生变化，效率改善所起的作用更少，投资起的作用更大。资本产出比的增速是每年 5 个百分点，资本投入对 GDP 的拉动是 3.8 个百分点。效率的改善和投资的拉动并驾齐驱，这样增长的结构是不可持续的，因为投资的拉动是靠提高投资比例，但我们不可能总是提高投资的比例。1978—2012 年中国人均 GDP 增长率来源如图 1-1 所示。

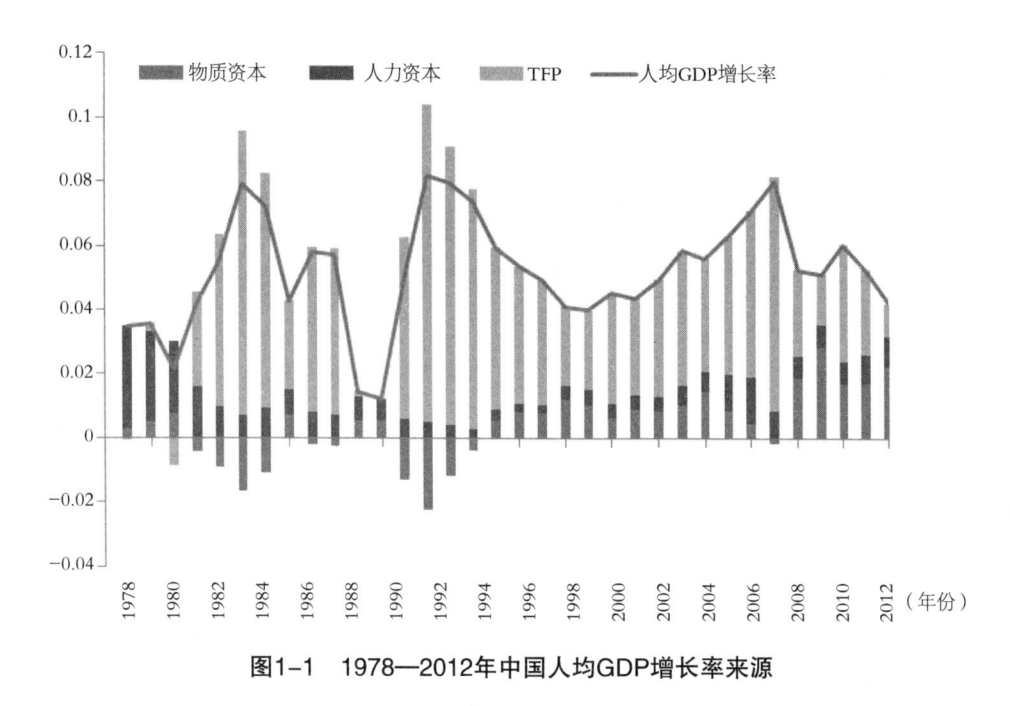

图 1-1　1978—2012 年中国人均 GDP 增长率来源

2008 年金融危机后，全要素生产率（TFP）对 GDP 增长的贡献不断下降，并在2013年跌落至0值附近的历史低位。世界大型企业联合会（The Conference Board Governance Center）和白重恩通过各自的方法计算中国经济TFP的历史走势，均显示相同的趋势：从20世纪80年代改革开放以来，尤其是1990年以后，伴随着中国经济对外开放程度的不断加大，我们充分享受到"开放红利"，外商直接投资和进出口贸易的蓬勃发展带来了显著的技术外溢效应，整体来看TFP对GDP增长的贡献保持在4%~8%的高位。但2008年的全球金融危机成了一个显著的拐点，中国经济TFP跌落至0值附近。虽然在大规模刺激政策下有小幅回升，但2012年以来中国TFP再度回落至0值附近，显示金融危机的冲击比预期的更为深远。

进一步的研究显示，本轮TFP的下降是多种长期、结构性因素综合作用的结果。白重恩等学者对TFP进行的研究还发现，周期性影响并不是最核心的因素。以下三个结构性因素对中国经济的TFP带来了深层次的负面影响。

第一，要素的有效使用率：劳动参与率持续降低，对TFP形成负向冲击。第二，要素的配置效率：投资率（资本形成总额/GDP）攀升且向建筑安装投资倾斜、政府规模不断扩大，均是我国2008年以来生产率下降的重要因素。第三，单位要素的生产力：2008年金融危机以来，我国人均收入水平与美国人均收入水平差距不断缩小使得"赶超效应"不断减弱；"对外依存度"（进出口总额/GDP）不断降低，使得技术溢出效应不断减弱。

对TFP进行全球对比发现，创新能力强的发达国家TFP实现了较为明显的复苏，对增长贡献可观。2011年以来主要发达经济体已率先走出TFP衰退困境。受2008年的全球金融危机影响，美、日、欧等主要发达经济体的TFP纷纷下跌至历史低位。但经历过3年的艰难调整之后，美国的TFP对增长的贡献已经在2012年、2013年分别回升至0.7%和0.4%，日本更是显著上升至1.1%和0.7%，大幅高于危机前0.2%的平均水平；欧洲虽然受到债务问题的困扰而尚未彻底走出困境，但TFP也出现了小幅改善迹象。2011年以来主要发达经济体已率先走出困境，如图1-2所示。

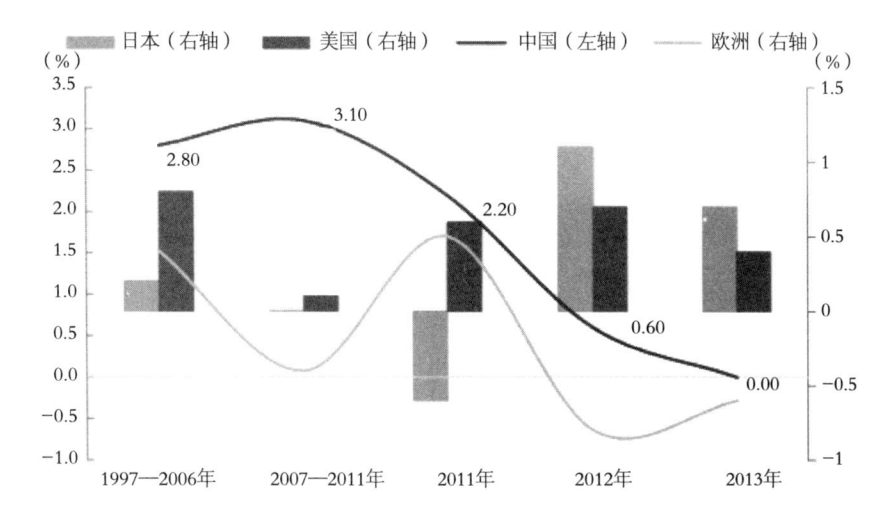

图1-2 2011年以来主要发达经济体已率先走出困境

数据来源：The Conference Board。

二、资本投入对增长的贡献考察：边际递减制约投资增长

2013年资本投入对GDP的贡献率已近100%。回溯1990—2007年中国的经济走势，我们清晰地看到（PPP调整后的GDP增速），除了经济过热之后软着陆的1996年与亚洲金融危机的1998年，中国经济增速一直保持在10%左右的高位。与此同时，资本投入（非ICT类）对GDP的贡献稳定地维持在5%~6%，ICT资本投入的贡献为1%左右。

2008年以后，伴随着经济增速开始下台阶，资本投入的贡献继续上升，截至2013年，GDP增长（PPP调整）为7.2%，其中资本投入的增长近7.0%，贡献率超过97%，反映出中国经济的结构性更加凸显。

靠资本投入拉动经济增长的边际递减效应已非常显著。边际递减是经济增长理论中的基本问题，只有持续的制度创新和技术创新才能克服边际递减。图1-3显示，中国经济的整体投资回报率从1993年的15.67%跌至2012年的2.70%，下降幅度和趋势值得重视。伍晓鹰绘出了改革30年以来中国主要工业部门的MPK变动趋势。

总体而言，整个工业 MPK 的下降趋势，在 20 世纪 90 年代中期随着国有企业重组和改革而得到改善，但是改善趋势又因 2008 年的金融危机而中断。

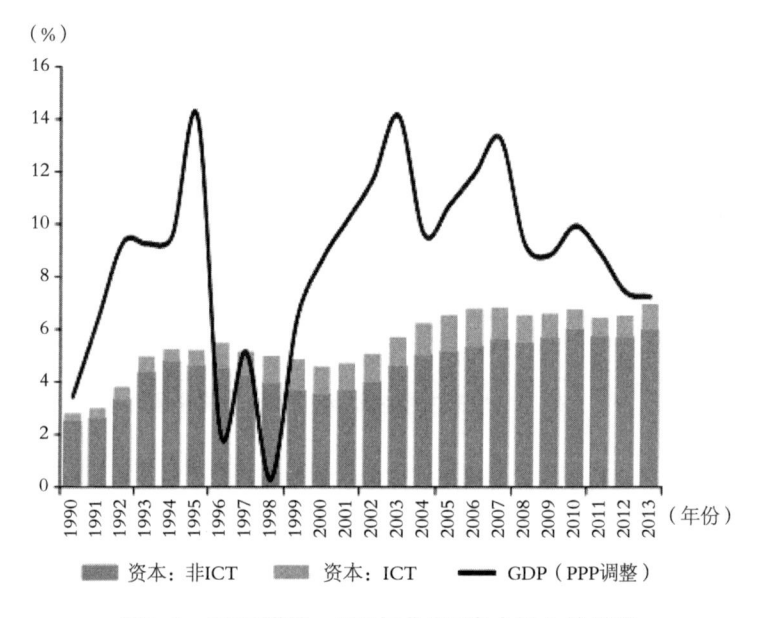

图1-3 GDP增速、ICT与非ICT资本投入的贡献

数据来源：The Conference Board。

我们的另外一个发现是，相对于新兴市场，发达经济体的增长更倚重 ICT 资本投入。全球来看，ICT 类资本投入对 GDP 增长的贡献率为 24.14%，其中发达市场平均高达 38.46%，而新兴市场平均为 21.74%。分国别来看，美国和日本分别为 26.32% 和 22.22%，欧洲由于 GDP 负增长而不能直接计算。新兴市场国家中，印度由于专注于软件产业发展，ICT 类资本投入贡献率高达 39.02%，但中国仅为 13.89%，而巴西几乎为 0。这个发现的一个直接含义就是，中国可以在 ICT 领域更多挖掘投资空间和增长空间。2013 年全球 ICT 资本投入对 GDP 增长的贡献率如图 1-4 所示。

2008 年金融危机以来，ICT 类资本投入对中国经济增长的贡献显著下降。1990—2006 年，ICT 类资本投入对中国经济的贡献，从 1990 年的 0.31% 持续上升至 2006 年的 1.45%。但 2008 年金融危机后，ICT 的贡献显著下降至 2011 年的 0.72%。近年来有所回升，2013 年上升至 0.98%，这个领域未来将是中国经济新增长的重要发力点。中国经济增长来源之 ICT 类资本投入的贡献如图 1-5 所示。

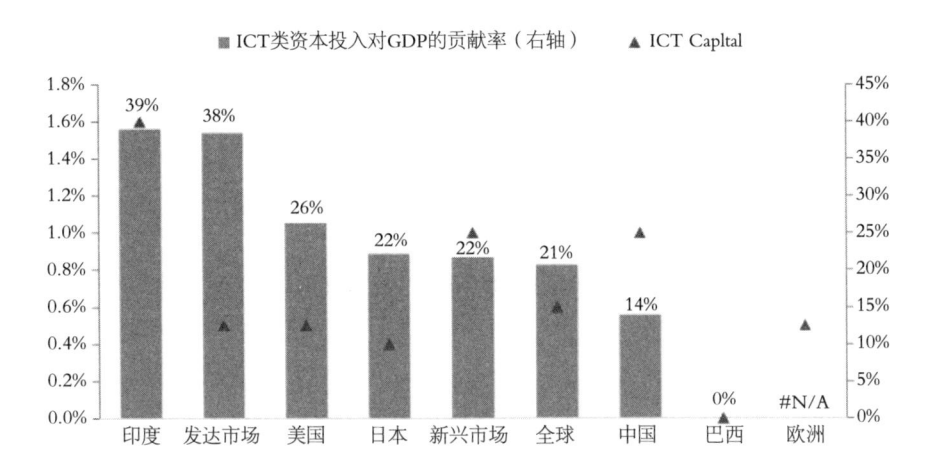

图 1-4 2013年全球ICT资本投入对GDP增长的贡献率

数据来源：The Conference Board。

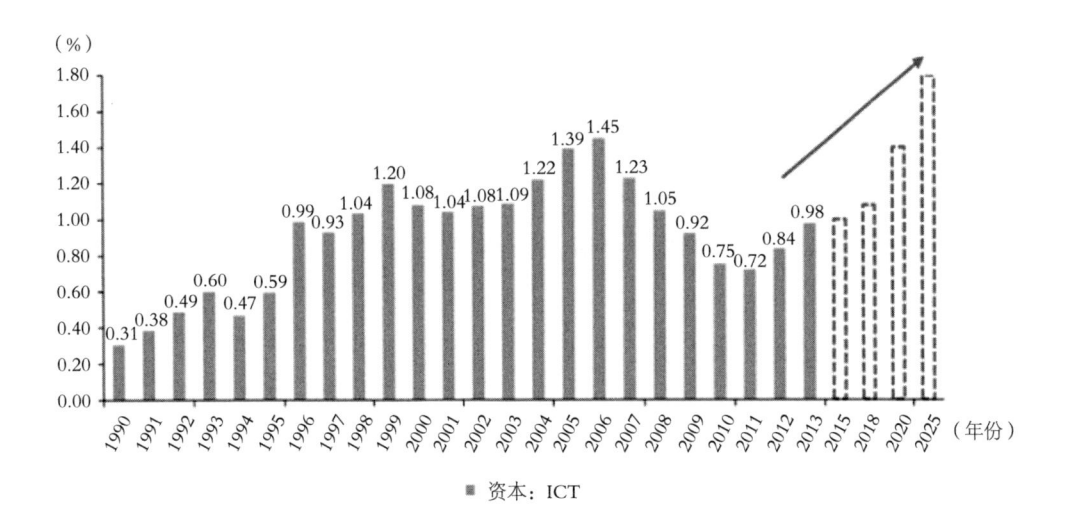

图 1-5 中国经济增长来源之ICT类资本投入的贡献

数据来源：The Conference Board。

中国从"硬件基础设施"向"软件基础设施"转换中的投资空间依然巨大。虽然铁路、公路、机场等硬基建已近饱和，但随着中国经济中服务业所占的比重越来越大，在信息技术、通信、互联网、基础技术研发及人力资本开发等方面的需求不断上升,"软件基础设施"缺口日益突出,投资空间依然巨大,智能基建将构成未来中长期的增长空间和动力。根据《全球创新指数 2014》公布的主要国家电脑软件支出的 GDP 占比,中国仅为 0.37%,不仅落后于美国(0.97%)和欧洲(0.6%~0.7%),还落后于印度尼西亚、马来西亚等东亚新兴市场国家。所以,在"软件基础设施"上追加投资既可以弥补短板,又可以保持投资力度。

三、劳动力对经济增长的贡献考察:数量红利结束,质量红利到来

数据清晰显示,劳动力数量投入的扩张对经济增长的贡献已回落至低位平台。1990—2001 年,中国的廉价劳动力数量优势明显,每年劳动力数量对 GDP 增长的贡献均在 0.5%~1.0%;2002—2007 年劳动力数量的贡献下了一个台阶,跌落至 0.2%~0.4% 的区间;在经历 2008 年金融危机之后,劳动力数量的贡献进一步回落到 0.1%~0.2% 的低位。

劳动力数量红利退潮,农村剩余劳动力向制造业部门转移几近完成。2004 年以来中国经济已经开始遭遇用工短缺和劳工成本上涨等问题,刘易斯拐点问题逐渐引起广泛关注。中国农村劳动力的非农就业比例从 1995 年的 31% 上升至 2007 年的 60%,其中年轻人群体的上涨最快,16~20 岁从 23.7% 上升至 97.7%,显示农村剩余劳动力向制造业部门转移几近完成。人口老龄化也带来巨大挑战,60 岁以上人口占比将从 12% 上涨至 2050 年的 30%。

那么,劳动力质量改善对经济增长的贡献如何?劳动力质量的改善来自两方面的共同作用:一是受教育年限高的人口占比上升,即人口素质的上升;二是高技能水平的劳动力收入水平上升,也就是说高素质劳动力必须要配置到高端产业部门,把他们的技能释放出来,实现更高的生产率。图 1-6 显示,中国劳动力质量对增长的贡献在 2000 年之后有所降低,金融危机后进一步回落。

要定量地评估人口质量,可以采用劳动力结构指数(Tornqvist Index),通过量度不同技能水平的劳动力群体的收入水平变动来反映劳动力质量的改善。劳动力结构指数的数学定义式如下:

$$\triangle \ln Q_t = \sum_i \frac{1}{2} [v_{i,t} + v_{i,t-1}] \triangle \ln h_{i,t}$$

$v_{i,t}$：i 型工作技能水平的劳动者收入占总劳动者收入的比例。

$h_{i,t}$：i 型工作技能水平的劳动者人数/工作总时间。

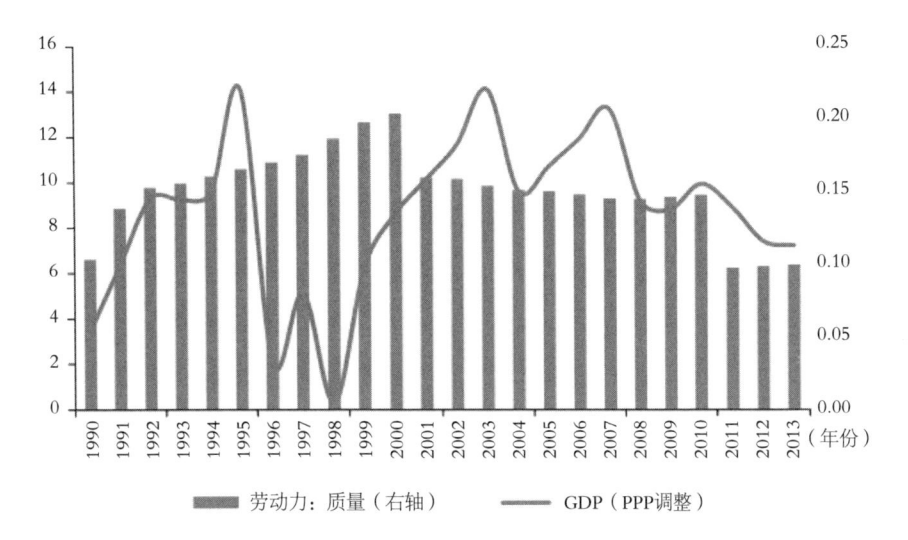

图1-6　中国劳动力质量对GDP增长的贡献

数据来源：The Conference Board。

中美日劳动力结构指数（1990—2013年）如图1-7所示。

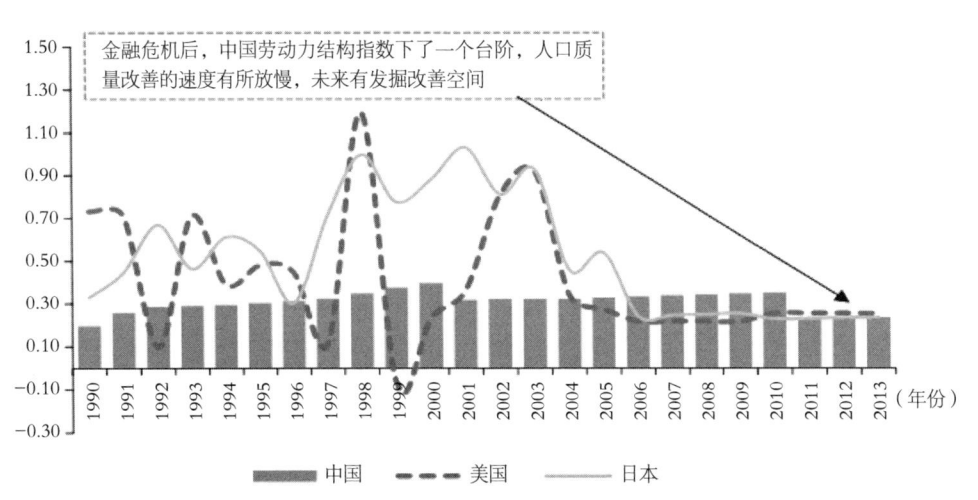

图1-7　中美日劳动力结构指数（1990—2013年）

数据来源：The Conference Board。

高端劳动力与低端产业结构的错配，导致2000年以来中国人口质量改善对增长的贡献回落。1990—2000的10年间，中国的对外开放进程不断深入，越来越多的劳动力从低生产率的农业部门转移到生产率更高的工业部门。但2001—2010年中国劳动力质量指数整体有所回落，而在金融危机后的2011—2013年，中国劳动力结构指数再下一个台阶，人口质量改善的速度有所放缓。这反映出虽然中国高等教育带来了持续的高质量劳动力供给，但产业升级的速度并未跟上，导致研发、生产性服务业等岗位不足，大量大学毕业生就业困难，不得不在中低端工作岗位上就业。

中国的人口质量红利已经形成明显的比较优势，中国经济增长将获得有力支撑。中国经济长期存在的产业结构低端化、技术对外依存度高、在国际产业分工中处于不利位置、经济体系大而不强的结构性难题将在第二轮人口红利周期中得到改善和解决。可以说，中国经济即将进入第二轮人口红利周期，主要基于以下几点原因：

第一，中国就业总人口中直接影响创新能力的"研究人员总规模"在2010年达到121万人，首次超越美国的119.8万人跃居世界第一位。除此之外，其他几个研究人员规模较大国家分别为德国35万人，日本65万人，韩国32万人，英国和法国均为25万人。如果用R&D人员统计口径来看，中国在2010年达到255万人，超过欧盟28国的R&D人员254万人的规模，成为世界上最大的R&D队伍。在创新驱动的增长阶段，R&D队伍的数量和质量是一国最为核心的生产要素和竞争力。

第二，中国教育体系在高质量人才培养的规模上存在明显优势。每年大学输出的"科学和工程学毕业生数量"与创新潜力紧密相关，2010年全球大学理工科毕业生总量为550万人，其中中国达到129万人，美国为52.5万人，印度46万人，日本32万人，德国13万人，韩国12.4万人，英国11.8万人，对比之下中国与技术创新相关的人力资源供给规模优势非常突出。

从全部大学毕业生当中理工科所占比例来看，中国的人力资源培养体系依然占优：中国这一比例为49.8%，仅次于日本的59%，美国为31.5%、法国为35%、英国为34%、德国为37.6%、韩国为40%、印度仅为22.6%。其他主要国家的理工科毕业生数量增长趋势已经停滞多年，只有中国保持了稳定增长态势，这是人口质量红利的一个重要表现。

第三，中国科学和工程学领域的"高端人才"培养规模优势已经形成。目前全球每年培养的科学／工程学博士学位获得者为 20 万名，美国 3.3 万名位居第一，中国 3.1 万名，俄罗斯 1.6 万名，德国 1.2 万名，英国 1.1 万名。但如果只考察自然科学和工程科学，把其中的社会／行为科学类别扣除的话，中国则以 2.95 万名的规模位居世界第一位。2000 年以来，只有中国的高端科学／工程学博士学位获得者在快速增加，从 7200 多人增加至 2.95 万人，美国有一定幅度的增加，从 1.7 万人增加至 2.5 万人，其他国家的高端人才规模基本停止增长。

第四，从国际视角来看，中国已经从人才流失局面过渡到人才环流局面。20 世纪 80 年代之后，我国出国留学人员不断增加，但留学人员回国比例一直不高，人才流失困境长期存在。但近几年这一局面开始迅速改观，2001 年中国出国留学 8.4 万人，回国 1.2 万人，回国比例仅为 14.6%；2005 年出国留学 11.9 万人，回国 3.5 万人，回国比例升至 30%；2010 年出国留学 28.5 万人，回国 13.5 万人，回国比例升至 47%；2013 年出国留学 41.39 万人，回国 35.35 万人，回国比例升至 85%。由此可见，中国人才环流格局已经初步形成，这构成中国人口质量红利的又一重要内容。

第五，中国"研发人员密度"从当前的较低水平，将逐渐向发达国家水平趋近，这个过程也正是"新人口红利周期"逐渐强化的历史进程。OECD 的统计数据显示，2012 年中国的"研发人员密度"仅为每千人 1.8 名，与主要经济体相比仍处于相当低的水平：同期美国研发人员密度为每千人 8.8 名，日本为 10.1 名，德国为 8.4 名，韩国为 12.8 名，OECD 国家总体为 7.7 名，均远远高于中国的研发人员密度水平。

这组数据有双重含义。一方面，与发达国家的研发密度相比，中国尚有巨大的提升空间，人力资源比较优势还远远没有释放完毕。事实上，从 21 世纪的第二个 10 年开始，中国人力资源比较优势仍将在中长期跨度内保持强劲增长趋势。另一方面，发达国家已经处于人口质量红利周期的尾部阶段。研发人员密度数据的历史序列分析显示，美、德、日、英、法等发达国家已经进入低速增长阶段，部分国家甚至出现停滞和下滑。

中国劳动生产率增速全球领先，但绝对量依然只有美国的 17%，还有很大的提升空间。2013 年中国的劳动生产率增速 7.1%，连续三年下降但依然领先其他国家，而绝对量依然仅为美国的17.1%，不仅显著低于发达国家，还落后于金砖国家中的俄罗斯、南非和巴西，还有很大的提升空间。基于劳动生产率增长带动经济实现可持续增长，这正是未来中国经济发展的必然路径。

第二节 寻找中国经济的增长空间：释放创新潜力

第一，供给侧改革的重点是推动要素效率革命，以解决"低效率洼地"问题。摆脱中国经济增长困局，首当其冲的是高度重视并大力度减产能，同时解决其他领域"低效率洼地"问题。这样就涉及需求侧政策的局限性。在这种情景下，供给侧改革的必要性、紧迫性就显而易见了。供给侧改革也有宏观和微观之分。供给侧结构性改革不排除宏观政策的必要调整，比如采取供给学派所强调的减税等措施，但重点还是在微观层面，通过实质性的改革措施，进一步开放要素市场，打通要素流动通道，优化资源配置，全面提高要素生产率。

加快产业转型升级、精致生产。尽管服务业比重超过制造业，但制造业仍然是国家竞争力的核心所在。服务业中发展潜力最大的生产性服务业，直接服务于制造业转型升级。必须牢固确立制造立国的理念和政策导向，推动制造业由粗放经营转向精致生产，倡导"工匠精神"，把活儿做精做细，提高附加价值比重，向全球价值链的中高端提升。借鉴日本等国的成功经验，全面实行加速折旧政策，此举相当于向企业减税，同时起到促进设备更新、扩大投资需求的多种效应。

尊重创新规律基础上培育创新环境。与模仿为主的发展相比，创新面临的不确定性大大增加。必须通过市场上的大量试错，提高创新成功的概率。政府习惯居高临下地做产业规划，但创新从本质上说是很难规划的，最重要的是要着力创造有利于创新的环境，包括保护产权特别是知识产权，稳定企业家、科研人员的预期，排除泡沫经济的扰乱，促进创新要素流动，培育人力资本，改造金融支撑体系等。要把培育创新环境与地方竞争结合起来，推动形成若干个有吸引力、影响力的创新中心。

以上重点领域改革集中于要素市场，这将是供给侧改革的主战场。过剩产能、低效无效要素要出去，有竞争力的、创新的要素要进来，通过生产要素的进一步解放、流动和优化配置，攻占经济生活中仍然随处可见的"低效率洼地"，形成全面提高要素生产率的新格局。

第二，从资本总存量、人均资本存量两个维度来看，中国仍远远落后于发达国家，因此资本积累仍有空间，资本增加对经济增长贡献仍有中期潜力可挖，核心问题在于资本结构而非总量。

从自上而下的视角，我们对中国总资本存量规模及人均资本规模做了考察。尽管过去30年（1980—2010年）中国年均资本存量增速超过16%，但总量仍较低。数据显示，中国的资本存量（按当前价格计算）于2010年底达到93.3万亿元人民币，合13.8万亿美元，仅为美国资本存量（2010年底为44.7万亿美元）的30%。若以2005年的不变价格计算，估计2010年中国的资本存量为13.5万亿美元，远低于美国的41.3万亿美元，也低于日本的14万亿美元。

中国人均资本存量远低于发达国家，仍需继续提升。2010年中国的人均资本存量为1万美元左右，不足美国的8%，为韩国的17%。中国平均每个劳动力的资本存量与美国的差距更大，仅相当于美国的6%和韩国的15%。

从人均资本的口径进行跨国比较，可以确定中国的资本存量并不丰富。尽管近10多年来持续上升，但中国的人均资本依然显著低于美、日等发达国家。从这个角度来看，中国资本积累的空间依然巨大，投资对经济增长的积极作用还远未结束。

第三，尽管投资仍有很大空间，但需要大幅改善中国的投资结构和资本结构，扩大战略新兴产业、先进制造业、生产性服务业、知识密集型资本、信息基础设施五个新兴领域的投资强度，以平衡和对冲上述三个传统领域投资强度的削弱。

一是加大向战略新兴产业投资，使之成为"十三五"甚至更长时期内投资增长的新重点、新动力。金融危机之后，主要经济体围绕新一代互联网、生物技术、新能源、高端制造等七大战略新兴产业展开了新一轮增长竞赛，纷纷推出各自的经济增长战略。这一轮技术变革带来的"同等起跑线效应"给中国带来了宝贵的技术追赶窗口，但从专利数量来看，中国在战略新兴产业的专利占比明显落后于美国、日本、德国等主要竞争对手。比如在物联网的专利数量，美国为6641件，日本为5490件，中国为1549件，尚不足美国的1/4；云计算领域，美国专利占了全球的50%，中国为12%；高端装备制造中的大飞机专利美国占比为45%，德国14%，中国为2%；新能源汽车领域日本以32176件专利遥遥领先，比美、德、韩、中、法总和还多，中国为2608件，约为日本的8%。

因此，战略新兴产业作为未来全球经济的主要增长空间，我国面临再度落伍的风险。要缩小与发达国家的技术差距，在新一轮增长竞赛中保持地位，就必须加大对战略新兴产业的投资力度。国务院在《关于加快培育和发展战略性新兴产业的决定》中提出2015年的产业增加值目标为GDP的8%，2020年进一步升至GDP的20%，这就要求战略新兴产业的增长速度要远远高于同期GDP的增速，高强度的投资是实现这一战略目标的重要前提。因此，笔者建议加快速度、加大力度推进"十二五"规划设定的20项战略新兴产业创新工程。

二是加大向先进制造业投资规模，发达国家纷纷推出重振制造业的政策，中国在竞争力方面进行更多投资非常必要。我国制造业的过剩产能主要集中在中低端环节，而高端制造业产品则是突出的供应不足，装备制造、船舶、汽车、钢铁、建材、石化等九大主体制造业均是如此，这就构成未来的巨大投资空间和增长空间。这主要包含以下三个含义：首先，把制造业发展重点全面转向高端制造业。与美国相比，我国低端制造业是美国的209%，中低端制造业是美国的232%，中高端制造业是美国的196%，而高端制造业仅为美国的85%，这意味着我国在该领域有很大的扩张空间。其次，推动我国制造业开展广泛的、持续的技术升级改造投资，既可以改变产业技术结构偏低的困境，又可以打开新的投资增长空间。我国的制造业投资过去几十年以扩张产能为主，技术改造和技术升级属于薄弱环节，比如2012年，我国36.5万亿元的固定资产投资中，新建项目达到25万亿元，技术改造额度仅为5.2万亿元，技术改造和新建项目的比值，从1995年的40%，下降至2005年的25%，2012年进一步下降至20%。技术升级的强度不足、欠账太大，这就意味着我国未来基于技术改造和技术升级的投资需求会非常巨大。最后，大幅提升我国制造业的研发投资强度。2013年我国制造业研发强度为0.88%，而美国制造业研发强度为3.35%，差距十分显著。中国关键产业的研发强度明显低于领先国家，美国制药产业为24.5%，电子计算机、通信、电子设备产业为14%~19%，交通运输业（除汽车外）为11.5%；而中国相应的研发强度分别为1.63%、1.51%、2.18%。要改变我国在国际分工中的不利位置，加大对创新的投资是基本前提。

三是加强向知识密集型服务业（KTI）投资，这是我国未来能否延续增长奇迹的关键。未来中国的投资空间和增长空间，知识密集型服务业担有重要的角色。中国在传统非知识密集产业的全球占比已经非常之高，继续增长的空间非常有限，但是在知识密集产业的全球占比却是另外一番图景。全球知识密集产业总规模达到19.6万亿美元，折合120万亿元人民币以上，其中中国知识密集产业规模为1.7万亿美元，仅为美国的27%，全球占比为8.7%。

所以，加快知识密集型服务业的投资和增长，扩大中国在知识密集产业的全球比重，是中国经济延续"增长奇迹"的关键所在。具体而言，研发设计、技术转移、第三方物流、融资租赁、信息技术服务、节能环保服务、检验检测认证、电子商务、商务咨询、服务外包、知识产权服务，将构成未来最重要的高增长产业群。

四是加大知识资本/创新资本的投资。重新定义资本的含义，重新认识究竟哪些资本能够促进增长，更加注重对知识密集型资本（Knowledge Based Capital，KBC）的投资和积累。2012年OECD首次提出了知识密集型资本的概念，是指没有物质实体（Physical Embodiment）的资产，如计算机化的信息（Computerised Information，如软件和数据库）、创新资产（Innovative Property，如R&D、版权资产、金融新产品开发、新建筑和工程设计）和经济竞争力（Economic Competencies，如品牌推广、市场研究、员工培训、管理咨询等）。对知识密集型资本的投资会深刻地影响创新和生产率的增长，这给政策思考带来了全新的视角。

知识密集型资本对全要素生产率的促进作用要明显强于传统形态的固定资产。劳动生产率的增长来源可细分为资本投入和多要素生产率（Multiple Factor Productivity，MFP）的贡献，通过数据分离出资本投入与多要素生产率增长对劳动生产率的贡献，KBC 与全要素生产率 MFP 的相关系数 0.46，有形资本与全要素生产率 MFP 的相关系数 0.21，显示出知识密集型资本（KBC，OECD）与 MFP 的正相关性，要明显强过有形资本。

中国 KBC 投资的 GDP 占比仅为 7.5%，剔除其中的有形资本后仅为 3.6%，投资强度大幅低于发达国家。OECD 的经济学家 Hulten&Hao（2011）估计中国经济中 KBC 投资的 GDP 占比从 1990 年的 3.8% 上升至 2006 年的 7.5%。中国的 KBC 投资中有一半集中在软件和工程设计领域，即有形资产中的"ICT 和住宅建筑"。如果剔除这两项（调整 KBC 的口径），聚焦于组织创新、产品创新、流程创新上，中国 KBC 投资的 GDP 占比为 3.6%，大幅低于美国的 8.6%、日本的 6.8% 和英国的 6.6%。所以，这又是一个可以大幅增加投资强度的空间和洼地。

按加入 KBC 后拓宽的资本口径看，发达国家的"真实投资率"在持续上升，并且远高于传统核算口径下的投资率。近几十年来，绝大多数发达国家都积极加大 KBC 的投入，英国 KBC 的投资规模从 1997 年至 2004 年间增长了超过 1 倍；日本 KBC/GPD 投资比率也在过去的 20 年里连续增长，2008 年的有形资本投资率虽然仅 17%，但加入 KBC 后拓宽的资本口径下投资率高达 26%；美国虽然过去 40 年中传统的有形资本口径下投资强度呈下降趋势，但 KBC 的投资率持续上升，并在 20 世纪 90 年代超过了有形资本的投资强度，2010 年美国传统投资率仅 8%，但加入 KBC 后的投资率倍增至 23%。

五是加大对创新等软件基础设施投资。目前中国的"信息基础设施"依然处于全球中下游水平，加强信息基础设施投资的需求相当迫切。世界经济论坛发布的 *Global Information Technology Report 2014* 报告中，公布了 ICT 信息基建和数字内容指数，对全球所有国家和经济体的信息基建情况进行了量化可比评估。该指数统计了以下 5 个构成指标：发电量（kW·h/人）、移动互联网覆盖率（人口占比%）、国际互联网带宽（kb/s 每人）、因特网服务器数量（每百万人）和数字内容可得性指数，并进行综合加权处理，是目前全球范围内对存量信息基建情况的权威量度。结果显示，中国得分仅 3.53，全球排名第 86 位，不仅大幅低于欧、美、日、韩等发达国家，也低于金砖国家中的俄罗斯、巴西、南非，以及马来西亚、泰国和印尼等亚洲新兴市场国家。

从 2014 年数据对比来看,中国的信息基础设施建设水平依然远远落后于全球主要经济体。数据显示,中国的平均网络连接速度不仅落后于欧、美、日、韩等发达国家,还低于俄罗斯、泰国和全球平均水平。根据全球最大的 CDN 服务商美国 Akamai 公司公布的最新数据显示,2014 年第三季度全球平均网速达 4.5Mbps,平均连接速度最快的经济体是韩国(25.3Mbps),而中国大陆仅仅为 3.8Mbps,排在第 75 名。

专题二

创新作为经济发展第一动力的重点领域

第一节　新一代信息通信技术领域发展及其展望

大数据、云计算、物联网、工业互联网、人工智能等技术的兴起，加速互联网由人机互联向万物互联、由信息传递向价值传输转变，信息社会由数字时代向数据时代变迁。信息通信技术创新及产业化加快向传统产业渗透，衍生和催生着新的业态，产业结构和产业重组主动适应技术进步，成为引领世界各国摆脱危机困扰、抢占后危机时代经济发展制高点的关键举措。基于物联网、云计算、大数据、新一代互联网等信息通信技术的第三次工业革命蓄势待发，新一代信息通信技术推动着资本、信息、人才在全球范围内加速流动，研发设计、生产制造、业务重组等资源配置的全球体系加速演进，从产品制造走向工序工艺的国际分工体系正在形成。信息技术领域仍然是当前创新最突出的领域，2015年全球信息技术创新最多的领域是计算机。计算机创新数量占比为82%；其他外围设备创新数量为7%，如图2-1所示。下一代网络、物联网、新型显示器件、数字视听、半导体照明等新兴产业群在未来5年，将形成不低于5万亿美元的市场需求。随着新一代识别、计算、存储、网络和智能系统的发展，广泛在获取、海量存储、高速传输、信息处理、知识挖掘技术方面不断取得突破，模式识别、人机互动将驱使人类智能迈向更高境界。2015年全球信息技术创新领域分布如表2-1所示。

表2-1 2015年全球信息技术创新领域分布

占比	子领域	2014年数量	2015年数量	变化百分比
82%	计算机	340386	387097	14%
7%	其他外围设备	29550	33148	12%
5%	打印机	23359	24752	6%
2%	显示屏	7692	8112	5%
1%	扫描仪	4510	4471	−1%

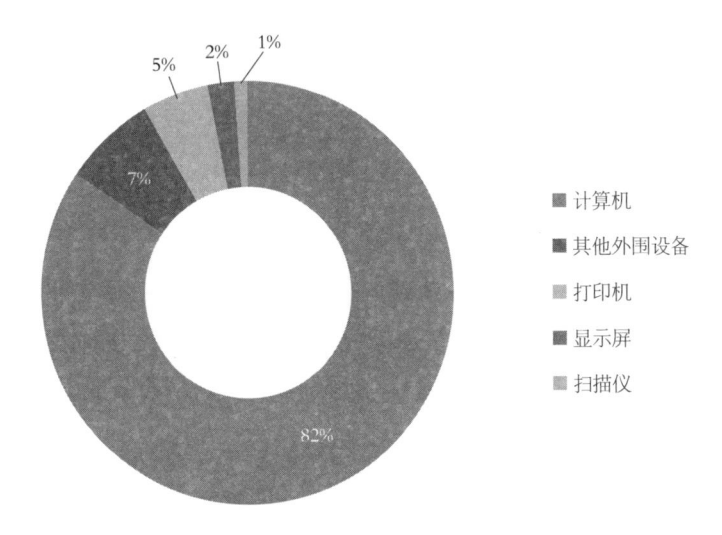

图2-1 2015年全球信息技术创新领域分布

从全球信息通信技术发展趋势和中国技术基础看，未来中国信息通信技术领域将迎来创新发展的重大机遇，尤其集成电路、信息通信设备、操作系统、工业软件等领域将有重大突破。

一是提高集成电路自给率是我国集成电路产业发展的最大动力。集成电路是信息通信技术产业的心脏和大动脉，随着数字时代的到来，全球集成电路产业保持较高速度增长。根据全球半导体贸易统计（WSTS），2014年，全球半导体市场规模达到 3331 亿美元，同比增长 9%。2015 年，由于全球 PC 出货放缓、美元升值、日本经济萎缩、欧洲危机和中国股票市场影响，全球集成电路产业增长有所放缓，但可以预见，集成电路产业仍将是未来全球经济新的增长点和强大动力。《中国制造 2025》研究报告预测，根据 2011—2015 年全球集成电路市场规模 2920 亿~3280 亿美元计算，复合年均增长率为 4%；预测，2016—2020 年也将保持 4% 的年复合增长率，产业规模为 3280 亿~4000 亿美元，复合年均增长率为 4%；可能到 2021—2030 年，集成电路产业增长速度会有所放缓，年复合增长率为 3% 左右，产业规模在 4000 亿~5375 亿美元之间。

2015 年，我国集成电路产业销售额为 3690.8 亿元，其中设计、制造、封测三个环节销售额分别为 1325 亿元、900.8 亿元、1384 亿元，设计和制造的比重进一步上升，产业结构不断优化。伴随着我国集成电路企业快速成长，京东方、中芯国际、海洋王照明等一批企业，已经跻身全球半导体创新前十家机构，如表 2-2 所示。

表2-2　半导体全球排名前十位的创新机构（2015年）

公司	国家和地区	发明专利数量
三星	韩国	4144
京东方科技集团	中国	2900
LG	韩国	2884
华星光电	中国	1701
东芝	日本	1521
台积电	中国台湾	1424
中芯国际	中国	1405
IBM	美国	969
SK 海力士	韩国	873
海洋王照明科技	中国	872

我国集成电路近些年虽然保持了高速增长，但自给率不高存在较大安全隐患。根据 IC Insights 数据，2013 年，中国集成电路行业自给率仅为 8.2%，2016 年为 10.4%。预计到 2020 年，全行业自给率水平能达到 15% 以上。提高我国集成电路自给率，要利用好中国是集成电路全球最大市场的优势。2017 年，全球集成电路市场

规模达 4203.9 亿美元,其中,中国集成电路市场规模为 2103 亿美元(1.42 万亿元人民币),占全球的比重为 50%。依据《中国制造 2025》技术路线图(2017)预测,到 2020 年中国集成电路市场规模将达到 2408 亿美元,占全球市场的比重将达到 60%;2030 年市场规模将达到 3814 亿美元,占全球市场的比重将达到 70%。从上述数据可以看到,满足国内市场需求,提升集成电路产品自给率,同时满足国家安全需求、占领战略性产品市场,始终是集成电路产业发展的最大需求和动力。

二是万物互联时代将推动我国电子信息产业高速发展。随着 5G 商用步伐的加快,物联网将得到快速发展,万物互联的时代即将到来。从无线移动通信市场需求看,根据国际电信联盟(ITU)统计,2014 年,全球移动用户数达 70 亿,其中移动宽带用户数达 23 亿;移动终端年出货量为 21.6 亿部,机器到机器(M2M)终端年出货量为 2.5 亿部,移动通信系统设备市场规模约 400 亿美元。根据 ITU、Gartner 等机构预测,2020 年和 2025 年,全球移动用户数分别将达 72 亿和 75 亿,移动终端年出货量分别将达 32 亿部和 42 亿部,M2M 终端年出货量分别将达 24 亿部和 60 亿部,移动通信系统设备市场规模分别将达 520 亿美元和 640 亿美元。

全球移动通信产业市场规模及前景预测如图 2-2 所示。

	2014年	2020年	2025年
全球移动用户数(亿)	70	72	75
移动宽带用户数(亿)	23	40	55
移动终端年出货量(亿部)	21.6	32	42
移动通信设备市规模(亿美元)	400	520	640

2014—2025年全球移动通信市场规模

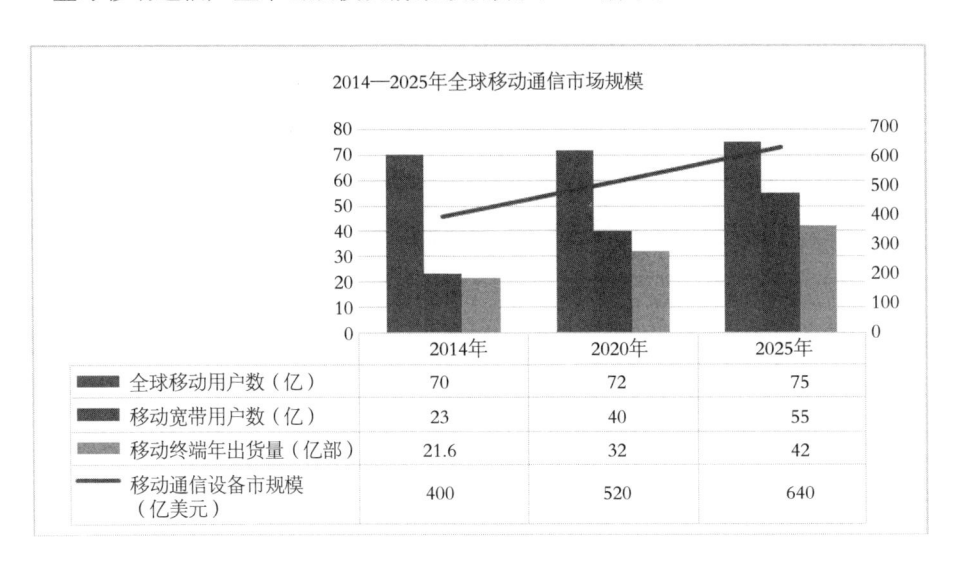

图2-2 全球移动通信产业市场规模及前景预测

数据来源:国家制造强国建设战略咨询委员会,《中国制造 2025》重点领域技术创新绿皮书,电子工业出版社,2016 年,第 10 页。

经过多年发展，我国通信设备制造业坚持技术引进和自主开发相结合，已经形成了一个较为完整的通信设备制造业产业体系，产业链逐步完善，自主创新能力明显提升，产业规模不断扩大，已成为电子信息产业的支柱产业。2014年，我国通信设备行业增速居电子信息产业主要行业之首。通信设备行业销售产值同比增长16.6%，高出全行业平均水平6.3个百分点。2015年我国电子及通信设备制造业增长12.7%。①

三是云计算、物联网将推动我国新一代网络和高性能计算机发展。物联网和云计算将是未来新型基础设施，将广泛应用于万物互联的智能时代。无处不在的传感器、射频识别（RFID）和嵌入式系统，实时收集、传输和处理海量数据，广泛应用于基础设施、物流配送、环境保护、安全生产和军事防御等领域，实现人与物、物与物的互联互通，实现信息共享和业务协同，推动整个世界的智能化和智慧化。

2014年全球光通信设备市场规模为141亿美元，路由器与交换机市场规模为153亿美元。根据Gartner和中国信息通信研究院等机构预计：到2020年，全球光通信设备市场规模将达182亿美元，路由器与交换机市场规模将达236亿美元；到2025年，全球光通信设备市场规模将达227亿美元，路由器与交换机市场规模将达338亿美元。

云计算和物联网的发展，将带动我国高性能计算产业的发展。高性能计算机和服务器包括通用CPU、高端服务器（万核级）、海量存储设备（千亿亿字节级）、高性能计算机（百亿亿次/秒级），面向云计算和大数据的融合架构云数据中心、跨地域/多维度/多类型融合的云存储设备、基于全国产CPU的高性能计算机和高端服务器等。近20年，我国高性能计算有了长足进展，天河二号超级计算机连续四次夺得全球超级计算机TOP500排行榜冠军；曙光、浪潮等本土品牌高性能计算厂商集体崛起。国产高性能计算机已经普遍应用到我国经济与政府重要领域，随着未来我国国家信息安全战略的上升，国产高性能服务器需求将会剧增，我国高性能计算机和服务器将面临前所未有的发展机遇。

四是操作系统和工业软件是未来工业革命的核心要素。新一代科技革命与产业

---

① 数据来源：中国电子信息发展研究院，《通信设备产业发展白皮书》（2015年版）。

变革是以数字化网络化智能化为特征，其核心是将以云计算、物联网、大数据为代表的新一代信息技术与现代制造业深度融合，以推动产业转型升级。应对发达国家把控传统操作系统与工业软件核心技术，主导国际工业竞争话语权的现状，依托我国作为"制造大国"的战略必争和优势产业，利用中国互联网生态与应用的全球领先者地位，紧紧抓住新科技革命与产业变革提供的历史机遇，实现操作系统自主可控，结合新一代信息技术推动工业软件的重构与跨越式发展。2016年5月20日，国务院印发《关于深化制造业与互联网融合发展的指导意见》（以下简称《意见》），着力推动制造业与互联网的深度融合，建立工业大数据平台。从国家经济安全角度考虑，未来需要更加着眼操作系统和工业软件的自主可控，根据《中国制造2025》发展目标，到2020年，我国要突破操作系统和工业软件部分关键核心技术，到2025年要实现绝大部分核心技术取得突破，届时，自主可控的操作系统与工业软件及其标准体系基本形成，具有知识产权的工业软件市场占有率超过50%。[①]

五是全球正在掀起以智能制造为核心的新一轮工业革命，我国制造业也正在加速向智能制造转型。智能制造核心信息设备主要包括智能制造基础通信设备、智能制造控制系统、新型工业传感器、制造物联设备、仪器仪表和检测设备、制造信息安全保障产品。过去30年，我国制造业已具备较强的实力，有的制造企业创新实力已经跻身全球前列。2016年汤森路透发布全球创新报告称，我国家电制造企业创新实力迅速上升，2015年的全球家电企业创新实力前十强，美的、格力和海尔三家中国企业入围，如表2-3所示。

表2-3 家电领域全球排名前10位的创新机构

公司	国家	发明专利数量
美的集团	中国	5427
珠海格力电器	中国	1995
海尔集团	中国	1315

[①] 国家制造强国建设战略咨询委员会：《中国制造2025》重点领域技术创新绿皮书，电子工业出版社2016年版，第21-22页。

续表

公司	国家	发明专利数量
松下	日本	949
三菱电机	日本	948
三星	韩国	736
博世／西门子	德国	697
LG	韩国	690
日立	日本	460
大金株式会社	日本	446

数据来源：汤森路透德温特世界专利索引（DWPI）。

未来5年，我国智能生产设施、数字化车间／工厂的升级改造速度将进一步加快，制造业对智能制造核心信息设备的需求也将大幅度增长。预计我国智能制造核心信息设备市场规模将以30%左右的增速持续增长。

第二节　新能源与可替代能源技术发展及其展望

全球能源消费重心由东方向西方转移。由于页岩气技术突破，美国逐渐实现能源独立，以中国为代表的东方国家逐渐成为全球能源消费的中心，推动我国能源技术革命。过去几十年，中东处于世界能源版图中心，这种情况正发生改变。得益于技术进步，一条新能源轴线已在西半球悄然崛起，加拿大的油砂和美国的页岩气正在以前所未有的规模进行开发，北美正由传统的能源净进口国逐渐变成能源"独立国"，这一趋势正重塑全球能源分布版图。在美国"能源独立"的影响下，中东主导的全球能源生产版图也将发生改变。在所有能源进口地区中，北美属于特例。到2030年，随着生物燃料供应和非常规油气产量的增长，北美目前的能源赤字（主要指石油）将转为略有盈余，正在成为世界能源供应版图中隆起的板块，将在一定程度上削弱中东地区能源的战略地位，并深刻影响地缘政治和全球经济格局。

随着亚洲新兴经济体的快速崛起，全球主要能源需求正在向东转移。BP《2030年世界能源展望》预测，2010—2030年，世界一次能源消费预计年均增长1.6%，全球能源消费总量到2030年将增加39%，全球96%的能源消费增长都来自非经合组织国家。到2030年，非经合组织国家的能源消费将比2010年高出69%，年均增长速度为2.7%，占全球能源消费的65%。[①]

国际能源供需格局的大变革，带来国际石油贸易加速转向，未来中国、印度等亚洲国家对中东石油的需求量将大幅上升，迅速填补美国"退出"后的市场空缺。国际能源署《世界能源展望2012》预计，到2035年中东约90%的石油将流向亚洲，"油气东移"将保证中东产油国地位不变。美国能源需求渐渐回归北美，欧洲也更多地依赖俄罗斯、中亚和北非，中东将在更大意义上成为亚太的中东。

一是页岩革命推动全球能源大变革。页岩气是从页岩层中开采出来的天然气，是一种重要的非常规天然气资源。与常规天然气相比，页岩气具有自生自储、扩散聚集、气饱和度低、异常压力低、储层低渗透等特征，开采难度大，成本高，很长时间以来不具备商业开采的经济性。美国自20世纪80年代开始，政府和私营企业合作开展页岩气商业开采技术研究，近几年在水力压裂、水平钻井等核心技术方面取得重大突破，开采成本大幅降低，带动页岩气行业井喷式发展。2005年以后，美国页岩气产量占其天然气总产量的比重快速上升，从2006年的1万亿立方英尺（1立方英尺≈0.028立方米）、占比5.4%，猛增到2013年的10.68万亿立方英尺、占比达35.4%。2009年美国天然气产量就超过俄罗斯，首次成为全球第一大天然气生产国。预计2040年美国页岩气产量将达16.7万亿立方英尺，占其天然气产量的一半以上，如图2-3所示。与此同时，美国新探明天然气储量不断增加，总储量估计为2300万亿立方英尺，以现有消费水平计算，可维持供应近100年。

中国从"十二五"开始支持页岩气发展，明确提出"推进页岩气等非常规油气资源开发利用"，编制了《"十二五"页岩气发展规划》，推出了《页岩气产业政策》，

[①] 参考2015年中国国际经济交流中心课题《我国能源体制革命的宏观背景研究》部分内容，与景春梅合作完成。

最近又明确"十三五"期间，中央财政将继续实施页岩气财政补贴政策，在鼓励外商投资、引导产业发展、建设示范区、推进科技攻关、页岩气开发利用减免税等方面也做了大量工作。在我国政策的大力扶持下，我国页岩气的发展已经取得了阶段性成果。目前，页岩气勘查开发技术及装备基本实现国产化，水平井成本不断下降，施工周期不断缩短。

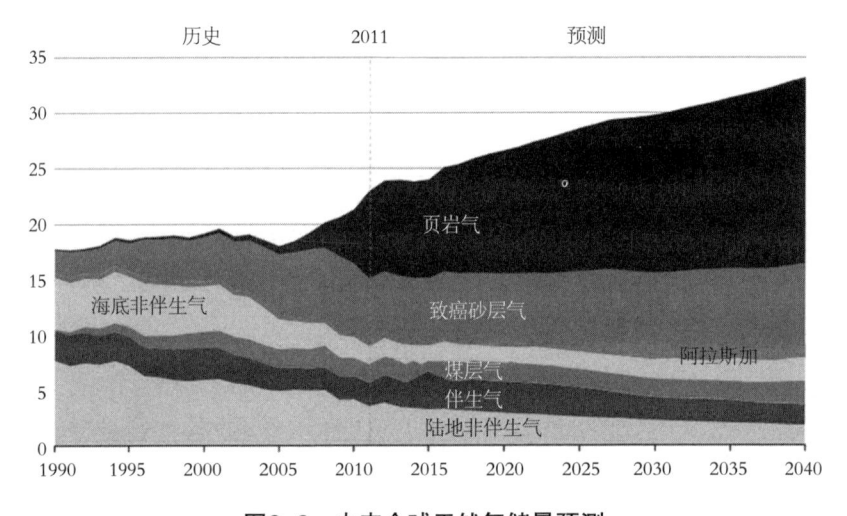

图2-3　未来全球天然气储量预测

数据来源：美国能源信息署（EIA）。

二是节能和新能源汽车是未来我国能源革命重点突破的方向之一。中国汽车工业已经走过60多年，一方面，汽车产业从无到有，从小到大，目前汽车产销量稳居全球第一，年产销量突破2000万辆，已经成为国民经济的支柱产业，对国民经济发展和解决就业做出了重要贡献。但另一方面，汽车产业高速发展和居民汽车保有量剧增，也给能源消耗和环境带来巨大压力，目前，车用汽柴油消费占全国汽柴油消费的比例已经达到55%左右，每年新增石油消费量的70%以上被新增汽车所消耗。当前，我国正在全面推进能源革命，包括生产革命、消费革命、技术革命和大力推进能源国际合作。全球能源格局的变革和新能源技术的创新发展，必将推动我国汽车节能和新能源汽车发展，可以预测新能源汽车不仅是我国汽车领域的变革，同时也将是能源领域最重要的创新领域。近年来，新能源汽车呈现快速发展态势。2015

年上半年，我国新能源汽车生产、销售双双突破7万辆，超越美国成为全球第一大新能源汽车市场。2015年1~10月，我国新能源汽车累计生产20.69万辆，同比增长3倍。伴随节能环保法规的不断加严，无论是国家层面、企业层面，还是用户层面，都对节能汽车提出强烈需求。随着新能源汽车在家庭用车、公务用车、公交客车、出租车和物流用车等领域的大量普及，2020年中国新能源汽车的年销量，将达到汽车市场需求总量的5%以上，中国节能汽车年销量将达到汽车市场需求总量的30%左右，在全球市场规模中的占比将超过40%。

三是能源互联网孕育新突破。美国著名趋势学家杰里米·里夫金认为，一场通信与能源革命性的结合正孕育第三次工业革命。以互联网（包括物联网）、大数据、云计算等先进技术为核心的信息通信技术，通过重塑能源生产、传输、销售和利用方式，催生能源互联网。以智能电网为载体的能源互联网，是互联网发展延伸到能源和传统工业领域的必然结果，通过应用云计算、物联网、大数据和电子商务等新技术，将实现人、物、能源之间的全程互联和广泛互动，将电网中分散、孤立的能源、信息等流动性因素统一管理起来，不断推动电网生产管控由壁垒向协同、由分散向集中、由自发向可控、由孤岛向共享转变，带动业务和管理创新能力的提升。能源互联网使能源与信息融合发展，必将带来技术与产业的变革，产生广泛而深远的影响。

四是清洁高效发电设备将成为我国发电领域主流技术。发电装备是将化石能源、核能、水能、风能、太阳能等一次能源转换为电能的装备，包括大型先进煤电、核电、水电、气电和可再生能源装备，是国家实现能源结构调整和节能减排战略的重要保障。《中国制造2025》预测，到2020年，煤电装机容量约达到11.2亿千瓦，约占总发电装机容量的58%；核电装机容量达到5800万千瓦，在建容量达到3000万千瓦以上，约占总发电装机容量的4%；天然气燃气轮机发电装机容量达到1.2亿千瓦，约占总发电装机容量的6%；常规水电装机达到3.5亿千瓦左右，约占总发电装机容量的17.5%；风电装机达到2亿千瓦，约占总发电装机容量的10%。未来巨大的电力装机容量，需要清洁高效的发电设备。需要突破更高效率和趋零排放清洁煤电技术、高水分褐煤取水技术，推进大型高效超净排放煤电机组产业化。突破1000MW级巨型水电机组技术，大型贯流、超高水头和可变速抽水蓄能、冲击式水轮发电机组技术,加快超大容量水电机组自主化步伐。[1]

第三节　下一代健康与生物技术发展及其展望

当前我国已经进入老龄化社会,65岁及以上的人口超过1.2亿人,卫生健康是我国面临的重大挑战。医疗技术的进步和人民群众对健康需求的迅速增长,也对我国生物医药技术创新提出了新的需求。传统医学模式正在发生深刻变化,健康医学将迎来全新发展机遇。一是老龄化加速我国生物医药产业快速发展。2000年,我国步入老龄社会,60岁及以上老年人口占到总人口的10%,其中65岁及以上老年人口达到7%。根据国家统计局发布《2014年国民经济和社会发展统计公报》,2014年年末,我国60岁及以上老年人口有2.12亿,占总人口的15.5%,我国老年人口已占世界老年人口的22%、亚洲老年人口的40%,规模与英、法、德三国总人口相当,其中65岁及以上老年人口有1.38亿人,占总人口的10.1%,如表2-4所示。预计2025年,我国将步入深度老龄社会,65岁及以上老年人口将占总人口的14%;2038年前后,我国将进入超级老龄社会,65岁及以上老年人口将占总人口的21%;2053年左右将达到峰值,65岁及以上老年人口将占总人口的35%以上,达到4.8亿人。目前,我国人口老龄化正处于加速发展阶段。从2015年到2035年,我国60岁及以上老年人口年均增加约1000万人,老年人口将由2.12亿人增加到4.18亿人,占总人口比重由15.5%上升至28.7%。

我国加速进入老龄化社会推动我国生物医药产业快速发展,目前我国已是全球第二大药品消费市场。根据国家药品统计年报,2014年我国药品市场纯销售额超过1.5万元人民币。医疗技术的进步和人民群众对健康需求的迅速增长,也对我国新药创制提出新的需求。2014年,我国医药工业销售额24553.2亿元人民币。2015年汤

---

[1] 国家制造强国建设战略咨询委员会:《中国制造2025》重点领域技术创新绿皮书,电子工业出版社2016年版,第156–157页。

森路透发布《2016年全球创新报告》显示，近年来我国生物医药技术医药产业创新实力大增，2015年中国有三家生物医药研究机构进入全球创新前十家的企业，包括江南大学、浙江大学和中国农业科学院兰州兽医研究所，如表2-5所示。

表2-4 2014年中国人口总数及其构成分析

指标	年末数/万人	比重/%
全国总人口	136782	100.0
其中：城镇	74916	54.77
乡村	61866	45.23
其中：男性	70079	51.2
女性	66703	48.8
其中：0~15岁（含不满16周岁）	23957	17.5
16~59岁（含不满60周岁）	91583	67.0
60周岁及以上	21242	15.5
其中：65周岁及以上	13755	10.1

数据来源：国家统计局。

表2-5 生物技术领域全球排名前10位的创新机构

公司	国家	发明专利数量
杜邦	美国	407
江南大学	中国	287
孟山都	美国	229
罗氏	瑞士	203
浙江大学	中国	200
农村振兴厅	韩国	191
加州大学	美国	184
法国科学研究中心	法国	166
中国农业科学院兰州兽医研究所	中国	165
国家健康与医学研究院	法国	160

数据来源：汤森路透德温特世界专利索引（DWPI）。

二是高性能医疗器械对带动我国整个医疗器械产业发展具有战略意义。医疗器械是应用于全生命周期卫生、健康保障过程中的设备、装置、材料、制品。高性能医疗器械泛指在同类医疗器械中能够在功能和性能上满足临床更高要求的医疗器械,其发展对满足临床需求,带动整个医疗器械产业发展具有战略意义。全球医疗设备创新发展,汤森路透发布全球创新报告,诊断和手术领域的世界专利占总医疗设备领域专利的比例为33%,其次是消毒、注射和电疗占比为30%,如表2-6所示。

表2-6 2015年医疗器械设备创新领域分布

占比	子领域	2014年数量	2015年数量	变化百分比
33%	诊断和手术	36929	45112	22%
30%	消毒、注射、电疗	31898	41528	30%
20%	医疗救助、口服	18694	27186	45%
17%	牙医、包扎、假体	19250	22490	17%

数据来源:汤森路透德温特世界专利索引(DWPI)。

近年来,我国医疗器械产业得到长足进展,2014年,我国医疗器械市场总值约为3000亿元,年增长率15%以上。但是高性能医疗器械却发展薄弱,基本上由外资控制。在高性能医疗器械领域中,90%以上产品为国外品牌。为此,国务院《中国制造2025》提出提高医疗器械的创新能力和产业化水平,重点发展影像设备、医用机器人等高性能诊疗设备,全降解血管支架等高值医用耗材,可穿戴、远程诊疗等移动医疗产品。实现生物3D打印、诱导多能干细胞等新技术的突破和应用。

第四节 基础材料技术发展及其展望

当前材料与制造领域凸显绿色和智能,材料设计与性能预测科技发展迅速,先进基础材料、关键战略材料和前沿新材料创新不断涌现。基础材料产业是实体经济不可或缺的发展基础，我国百余种基础材料产量已达世界第一，但大而不强，面临总体产能过剩、产品结构不合理、高端应用领域尚不能完全实现自给等三大突出问题，迫切需要发展高性能、差别化、功能化的先进基础材料，推动基础材料产业的转型升级和可持续发展。

一是先进基础材料量大面广，是我国国民经济的基础支撑和保障。先进基础材料是指具有优异性能、量大面广且"一材多用"的新材料，主要包括钢铁、有色、石化、建材、轻工、纺织等基础材料中的高端材料，对国民经济、国防军工建设起着基础支撑和保障作用。

二是关键战略材料，是实现战略新兴产业创新驱动发展战略的重要物质基础。关键战略材料主要包括高端装备用特种合金、高性能分离膜材料、高性能纤维及其复合材料、新型能源材料、电子陶瓷和人工晶体、生物医用材料、稀土功能材料、先进半导体材料、新型显示材料等高性能新材料。关键战略材料，是支撑和保障海洋工程、轨道交通、舰船车辆、核电、航空发动机、航天装备等领域高端应用的关键核心材料，也是实施智能制造、新能源、电动汽车、智能电网、环境治理、医疗卫生、新一代信息技术和国防尖端技术等重大战略需要的关键保障材料，目前，在国民经济需求的百余种关键材料中，国内完全空白的约占 1/3，性能稳定性较差的约占一半，部分产品受到国外严密控制。突破受制于人的关键战略材料，具有十分重要的战略意义。[①]

三是前沿新材料，是未来我国抢占发展先机和战略制高点的关键。前沿新材料一直是制约我国制造业转型升级、制造业高质量发展的掣肘。革命性的新材料发明及应用，常常会引起产业和技术革命，属于基础性的突破。一方面，我国发展新材料的需求十分迫切。未来 10 年，为满足航空航天、生物医疗、汽车摩配、消费电子等领域对个性化、定制化复杂形状金属制品的需求，3D 打印金属粉末需求量将年均增长 30%，到 2020 年需求量达 800 吨，到 2025 年需求量达 2000 吨。我国在智能电网、大科学装置方面对超导材料的需求持续增长，到 2020 年

---

① 国家制造强国建设战略咨询委员会：《中国制造 2025》重点领域技术创新绿皮书，电子工业出版社 2016 年版，第 203-204 页。

需求量将达到100亿元，到2025年达到150亿元。智能仿生与超材料是智能制造、智能传感的核心材料，实现规模化制造及应用极为迫切，预计将以40%的年复合增长率快速发展，到2020年，其市场规模将达近650亿美元。另一方面，我国新材料自主创新能力严重不足，对外依存度较高，部分高端产品还未实现完全国产化。以企业为主体的创新体系还没有完全建立起来，基础研究、应用研究都很薄弱，企业科研投入严重不足。

第五节 生态环保技术发展及其展望

生态与环境资源已经成为我国经济社会发展的硬约束，生态与环境研究正逐步向可测量、可报告、可评估和可动态模拟的方向发展，环保技术和产业正成为全球经济新增长点。一是环保产业正成为我国朝阳产业。近年来，全球环保产业产值年均增长率约为8%，远远超过全球经济增长率，成为各个国家十分重视的"朝阳产业"。在2012年全球环保市场份额中，美国约占全球的36%，生物、计算机和新材料等被广泛应用到环保领域；西欧约占29%，政府、企业和社会公众等共同参与，以技术创新和技术输出为产业发展主线；日本约占16%，在洁净产品设计和生产方面发展迅速，如绿色汽车和运输设备生产居世界前列。经过30多年的发展，我国环保产业已初具规模，基本形成涵盖环保产品、环保服务、废物循环利用和环境友好产品等几大领域的产业体系。根据2011年全国环境保护及相关产业状况公报，2011年全国环境保护及相关产业从业单位23820个，从业人员320万人，年营业收入307525亿元，年营业利润2777亿元，年出口合同额334亿美元。其中，与环保产业的传统核心内涵相关的环保产品销售产值约2000亿元，环境服务收入约1700亿元；以废旧资源再利用为主的循环经济支撑技术和产品收入约7000亿元；以环境标志产品、节能、节水标识产品等为代表的环境友好产品约20000亿元。2004—2011年的7年间，环保产业年均增长率超过30%，约为GDP的2倍；产业收入总额从4600亿元增加到超过3万亿元，增加了6倍多。

二是传统污染控制技术对解决我国环境问题具有重要意义。总体上看，目前发达国家在环境方面主要致力于曾经遭受污染的生态环境功能的恢复，而发展中国家相对仍处于遏制环境污染加剧的趋势。发达国家能够从"先污染，后治理"过程中走出来，主要依赖于形成了一套成熟的传统污染控制技术。这一污染控制技术体系根据环境要素进行分类，主要包括水污染控制技术、大气污染控制技术、固体废弃物控制技术、土壤修复技术等。环保技术与产品呈现高科技化，拥有全球领先的专利技术。美国的脱硫、脱氮技术，日本的除尘、垃圾处理技术，德国的水污处理技术，在世界上遥遥领先。而当前包括中国在内的大多数发展中国家，主要污染来源是传统的污染，包括化石能源、汽车、工业生产、大气和水污染等。而目前，我国传统污染控制技术发展不够，土壤污染治理与修复、生态修复及生态保护、辐射污染防护技术研发力度不足。中国已经提出绿色发展理念，需要着力改善环境，建设"美丽中国"，对传统污染控制技术有极大需求。我国环保行业技术研发数及专训数占比如图2-4所示。

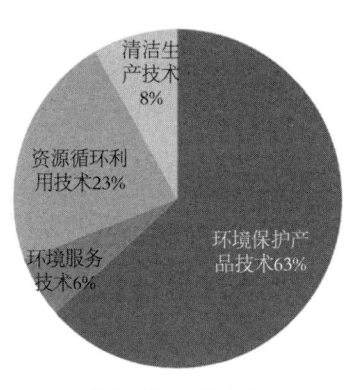

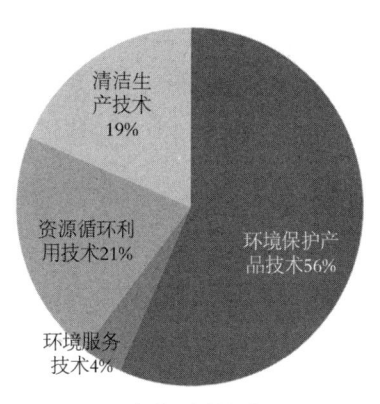

图2-4 我国环保行业技术研发数及专利数占比

环境污染治理技术数量分布情况如图 2-5 所示。

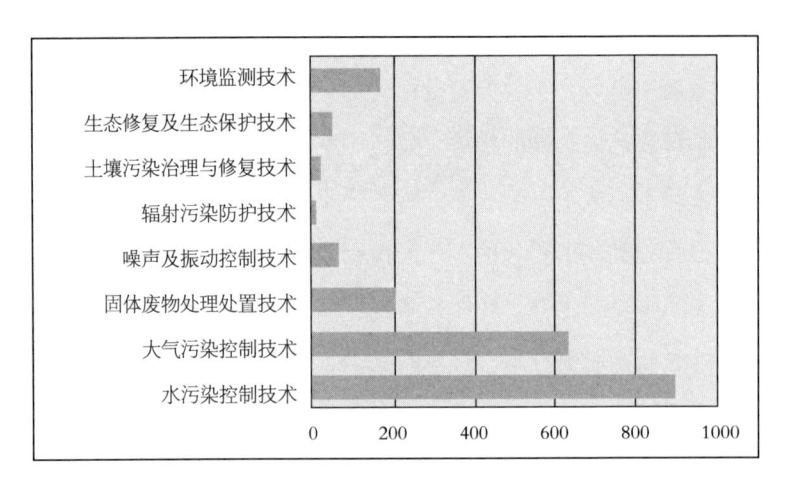

图2-5 环境污染治理技术数量分布情况

第六节 空间与海洋技术发展及其展望[①]

空间与海洋领域向纵深发展，空间探测向更深更遥远的宇宙迈进，将不断产生新的科学认知和效益；海洋科技将聚焦国家安全与海洋权益、资源可持续利用和深海探索三大方向，海洋新技术的突破正在催生新型蓝色经济的兴起与发展。

一是航空运输和通用航空服务需求的不断增长为我国航天航空装备制造业发展创造了广阔的市场空间。随着我国航空市场规模的扩大，航空运输和通用航空服务需求快速增长。同时，随着我国空域管理改革和低空空域开放的推进，国内通用飞机、直升机和无人机市场巨大。航天航空装备主要包括飞机、航空发动机、航空机载设备与系统和航天设备。预计未来 10 年，全球将需要干线飞机 1.2 万架、支线飞机 0.27 万架、通用飞机 1.83 万架、直升机 1.2 万架，总价值约 2 万亿美元；飞机数

[①] 国家制造强国建设战略咨询委员会：《中国制造 2025》重点领域技术创新绿皮书，电子工业出版社 2016 年版，第 96-97 页。

量的快速增长带动航空发动机产业发展,航空发动机产业是指涡扇/涡喷发动机、涡轴/涡桨发动机和传动系统,以及航空活塞发动机的研发、生产、维修保障服务一体化产业集群。未来10年全球涡扇/涡喷发动机累计需求总量将超7.36万台,总价值超4160亿美元;涡轴发动机累计需求总量超3.4万台,总价值超190亿美元;涡桨发动机累计需求总量超1.6万台,总价值超150亿美元;活塞发动机累计需求总量超3.3万台,占60%以上通飞动力市场,总价值约30亿美元。同时,国内干线客机对大型涡扇发动机的市场累计需求总量超6000台,总价值超500亿美元,而低空空域的开放也将进一步刺激通用飞机对涡轴、活塞等发动机的需求量。飞机和航空发动机也会带动航空机载设备与系统产业。未来10年国内仅干、支线客机所配套的机载设备与系统产值规模就将达到8000亿元人民币。

  二是海洋工程装备及高技术船舶制造业是发展我国海洋经济的先导产业。21世纪以来,我国海洋工程装备及船舶制造业取得了长足发展:2010年以来,我国造船三大指标连续五年保持世界第一;2014年,我国海洋油气工程装备新接订单数量及总额列居世界第一;海洋可再生资源开发装备,以及海水淡化和综合利用、海洋观测、海洋生物开发等方面的装备均取得了一定发展。海洋工程装备及高技术船舶制造业具有资金、知识、技术、劳动密集和国际化合作程度高等特点,是发展海洋经济的先导性产业。未来随着极地航道的开通,极地、深海等资源开发需求的不断增强,海洋食品、海洋新能源、海洋采矿等新兴行业不断成为经济新锐领域,海事安全与环保要求的日益严格,海洋权益维护形势的日益紧迫,海洋工程装备及高技术船舶需求将进一步扩大。预计到2020年世界海洋工程装备及高技术船舶市场需求约1700亿美元;到2025年市场需求将增加至2600亿美元。

专题三

加快构建中国开放式创新体系与路径选择政策建议

在中国经济发展的新的历史时期，我们亟须统筹国内国外两个创新资源，汇集全球资源为我所用。构建开放式创新体系，需从两方面同时施力，一方面强化创新走出去、布局全球创新网络；另一方面把全球资源引进来，从而实现"创新体系吸引全球资源、创新成果辐射全球市场"。

第一节 在海外展开科技布局可重视六种模式

一是鼓励龙头企业与跨国公司结盟，共同合作研发。比如，1986年，日本东芝公司就与美国摩托罗拉公司合作研发集成电路芯片，此后，有关国家企业之间签订的国际技术合作协议就有72项。到了1992年，东芝公司又与IBM公司和德国西门子公司三家宣布结盟，共同出资10亿美元，研发能储存2.56亿个数据的新型集成电路芯片。这种模式以企业为主，政府从外交层面进行协调支持。

二是面向国内需求，鼓励商协会设立"采购式"研发机构。政府采取鼓励技术进口和技术贸易（特别是许可证贸易）的政策，海外研发机构根据国内各行各业需求和发展现状帮助判断技术水平、应用方向等，指导企业吸收和推广外国先进技术。根据日本政府统计，日本1955年到1975年共引进了25700项专利和技术。据日本长期信用银行的调查，从1955年到1970年就吸收了全世界半个世纪的几乎全部先进技术，而付出的费用不到60亿美元。当然，日本政府鼓励模仿创新，在充分消化吸收基础上加以改进和创新。

三是鼓励国家科研院所到海外设立研究机构或者办事处。比如，日本理化学研究所RIKEN在美国成立了BNL研究中心，完全依托美国的布鲁克黑文国家实验室建起。中心共有59人，其中管理层11人，理论组、计算组和实验组分别为8人、15人和25人，主要研究四大块领域：量子色动力学、自旋物理、格点量子色动力学和胶子等离子体。该所在英国等国也有分支机构，在北京设立了办事处。

四是鼓励企业并购或者参股国外科技类公司或者一流企业，直接获得国际一流专利和知识产权。不过，这种模式必须注意三点：第一，防范法律风险和政策等风险，有些国家对某些技术和企业比较敏感，要事先做好调研和咨询。第二，由于我国企业国际化经验不足，国际经营能力有限，要稳中求进。第三，要注意企业的技术溢出效应和持续创新能力。

五是以市场为导向，鼓励龙头企业牵头带领上下游的中小企业到有关国家，与该国科研院所和大企业共同设立研发机构。目前，绝大多数中小企业都是采取委托海外科研院所或者留学生（以自己公司的形式）委托研究开发的方式，签订委托合同，按照进度分期付款。但是，对于重大技术或者共性技术来说，单个中小企业无能为力，必须由该技术群中的领军企业牵头，按照"风险共担，利益共享"原则设立研究机构。

六是贸促会或者各专业领域行业协会到海外搭建研究开发公共服务平台，提供公共科技服务。德国有750多家公共资助的研究机构以及工业企业研发中心，与40多个国家保持着双边多边研究合作，其中德国工业联合会发挥了重要作用。我国政府应该鼓励贸促会或者各行业协会到海外设立分支机构，帮助企业获得科技信息，寻找合作伙伴，展示企业产品，提供法律服务等。

第二节　学习借鉴全球开放式创新机构的运作模式

一、欧洲弗劳恩霍夫研究院的全球化布局值得借鉴

弗劳恩霍夫研究院是欧洲最大的从事应用研究方向科研的机构，主要聚焦于信息和通信技术、生命科学、微电子、光与表面、生产工艺、材料与部件、国防与安全七大领域，是一个开放式跨领域的"研究联合体"。它积极进行海外合作，在欧洲、美洲、亚洲和中东设立多家研究中心和办事处。合作研究中心立足于本地产业和研发优势，立足于高校的研究力量，同时在布鲁塞尔设立欧盟办事处，充当了与欧洲的决策者对话的一个平台，其附加的功能是发布公开的或官方的声明和提供信息服务。美洲研究中心主要集中在美国，其研究领域与先进制造战略相吻合。亚洲、中东则主要通过设立办事处的方式，在本地市场和研究院之间形成一个桥梁。他们的活动主要集中在市场营销和业务拓展，具体情况如表3-1所示。

表3-1　美欧亚主要科学研究院布局情况比较

欧洲	
布鲁塞尔（欧盟）	设立办事处，促进协会在欧洲整体的产业协作，与欧洲研究计划对接（如《欧盟"地平线2020"计划》）
法国	设立研究中心，主要与法国卡诺研究所进行合作研究
匈牙利	设立研究中心，由协会的自动化研究所与匈牙利科学院合作成立，聚焦生产管理和物流
意大利	设立3个研究中心，聚焦于人力、服务和旅游业领域
波兰	设立研究中心，主要聚焦于激光集成技术与应用
葡萄牙	设立研究中心，辅助信息和通信解决方案
瑞典	设立研究中心，与查尔姆斯理工大学合作成立，专注于工业数学

续表

欧洲	
英国	设立研究中心，由协会应用固体物理学研究所与思克莱德大学合作成立，专注于光电子研究
奥地利	设立研究中心，基于维也纳和格兰茨高校的技术研究工作，集中于生产管理、物流、视觉计算等领域
美洲	
美国	设立7个研究中心和两个营销办事处，研究领域包括先进制造工艺、新能源、激光应用、生物技术等
加拿大	设立研究中心，与加拿大韦仕敦大学合作，专注于复合材料研究
巴西	设立研究中心，专注于粮食和生物资源
智利	设立研究中心，专注于生物技术
亚洲	
中国	设立办事处，推动中国高校（如中科院）和企业（如海尔）与协会的对接合作
印度	设立办事处
印度尼西亚	设立办事处
日本	设立研究中心，主要与东北大学合作微纳机电系统（MEMS/NEMS），以及与日本产业综合技术研究所关西中心合作电活性聚合物
韩国	设立办事处
新加坡	与新加坡南洋理工大学在数字互动媒体领域开展研究合作

二、美国国家科学基金会（NSF）全球化布局值得借鉴

NSF是支持科学与工程研究全球布局的主要机构。其国际合作项目范围覆盖了所有科学与工程领域。2001年，"NSF战略规划（2011—2016）"将国际科技合作作为重要目标，提出"通过加强与国际伙伴的合作保持美国在科学前沿的全球竞争力"，每年资助60~80项国际合作，保证每年有40~60个美国学者到其他国家的科研机构工作，还资助每年5000人次的美国科学家参加境外国际科学会议。

NSF国际合作5个资助重点包括：第一，支持美国科学家参与全球范围的研究

计划和合作研究网络。NSF 在 20 多个全球性研究计划中发挥了领导作用，支持美国科学家参与众多全球层面项目。近年来，NSF 资助了一些重要国际性大科学研究计划，包括全球变化研究计划、极地紫外线辐射研究网络、全球测地学计划、国际空间气候计划、海洋钻探计划、南极条约、拟南芥基因组等。第二，支持海外的国际性研究设施。NSF 是许多国际研究设施的主要资助者，与多国合作者共同资助，如在智利的南部双子座设施。第三，支持美国科学家与其他国家科学家的合作研究项目。NSF 支持美国科学家参与政府间科技合作协议项目，如美、日光电子学合作研究计划；美国、欧盟基础研究合作计划；与法国、墨西哥在计算机、信息科学领域开展的合作研究计划；中美地震研究合作项目等。第四，增加美国青年科学家和工程师的国际研究经历。支持对象主要是博士后和青年研究人员、研究生、大学生。第五，跟踪和获得国际科学与工程情报信息。通过开展国际调查与评估、在海外的办事处等，跟踪其他国家在研究与教育领域的前沿动态。

第三节 积极引导构建国际化产业联盟

引导构建国际化的产业联盟，深度促进创新国际化，将国内外优势企业都框引进来，将产业链上下游企业都纳入联盟。让国际化的产业联盟为我服务，我也为国际产业服务。

打造具有比较优势的产业技术联盟，作为引进吸收世界前沿技术的战略买家。与国外相比，我国在很多技术层面都存在明显短板和不足，试图用单一企业进行国际谈判难度很大。建立政府引导的产业技术联盟，一方面可以为开放创新树立科学的工具和方法，另一方面可以解决技术引进的战略型买家问题。我国高铁的成功即是国家作为战略型买家集中引进技术、消化吸收典范。

第四节 大力吸引、培养和激励国际一流创新人才

可借鉴"北美技术经理人协会"（AUTM）模式，织密国际技术人才网络为我所用，打造国际技术管理基地。国际创新的关键是人才创新，我国应该培育出中国的 AUTM。AUTM 是北美专门推动大学、学院、政府及私营机构之间技术转移的组织，全球会员已增至 3500 名，培养了大批国际技术成果转化的职业经理人，而这恰恰是中国最为匮乏的。我国可建立自身特色的 AUTM，吸收美国、以色列、英国、韩国、日本等技术商业化先进经验，打造国际技术管理基地。基地重点培养国际化、技术化、商业化职业经理人，同时也是技术交易及转化平台，与国际技术转移协作网络（ITTN）、国家外国专家局、各国技术中介机构、高校深度合作，建立技术/专家数据库。

以高品质国际创客中心吸引国际一流创客。创客产品化、规范化、国际化是我国建设国际创客中心亟待推进的四个重点。第一，建立国内生产企业数据库，建立产品测评平台和交易市场，帮助国内外创客迅速找到生产商和初期市场营销，推进创客产品化。第二，引进如 Fab Lab 等国际创客空间落户国内，构建国际标准的软硬件体系。第三，推动高校、科研院所开放大型科学仪器，建立软硬件开源许可协议的行业规范。第四，建立创客众筹融资平台，针对创客发展知识产权融资。

对标硅谷创新分配制度，激活支撑国际一流创新中心的"原动力"。硅谷的分配制度非常有利于激发创新潜力：按劳分配占到 30%，按资分配占到 30%，按知分配占比高达 40%。目前，我国全社会缺乏一套按知识分配的计量规则和政策，分配制度对创新主体缺乏激励，不具有建设国际创新中心的"原动力"。建议逐年提升安置分配占比（目标可设定为逐年提升 1%，从而支撑 GDP 提升 3%），工具包括企

业建立知本金制度、政府给加计扣除政策、社会建知本银行、重构新型政企互动关系和创新生态等。最终实现分配新秩序的建立，在根源上确立对创新主体的尊重和激励。

第五节 建设世界一流工业研究院新体制新模式

以全新机制建设世界一流工业研究院，既是世界创科创中心的重要标志，也是基础性推力。当年中国台湾为了发展高科技，建设台湾"硅谷"，为了吸引一流人才，把美国科技成果在台湾产业化，举全力设立了"台湾工研院"，邀请中国台湾在美工作的优秀人才来工作。短短几年崛起了芯片领域的台积电、电脑领域的宏基等知名企业。建议在上海、深圳等创新资源密集分布的城市或地区建立一家真正全新机制、全新组织模式的工业研究院，吸引天下英才而用之。全新的机制：设立完全独立的学术机构，政府只出资不运营，运营由独立的理事会负责。理事会60%以上由外籍人士组成，政府委托全世界最有名望的科学界和工程界人士组成遴选委员会，推荐院长和理事会成员。理事会再遴选出学术委员会，成员至少1/3是诺贝尔奖得主。研究人员全世界招聘，不分国籍、年龄等，工资福利也要世界一流。政府出资但不管理，不向研究院派出一个人，不提任何研究任务，只提负面清单即可。

第六节 全面强化与世界创新前沿领域对接

构建全球创新超级链接器。中国各种联盟很多，但功能单一，真正链接产业上下游、成为产业助推器的极少。作者建议：以工信部、科技部为指导机构，以知名国际化创新服务企业为主力，链接美国、以色列、德国等创新研究机构，共同打造一个跨国界的创新平台——全球创新超级链接器。实现四大功能：一是创新调研。紧扣国内需求，定期在全球范围内开展产业战略和创新主题的调研。二是创新发布。发布研究报告、产业指数、决策参考、专题报道。三是创新网络。架设全球招商引智网络，打造面向世界的创新中心和共享平台，为我国发展收集项目、技术、人才各类情报信息。四是供需对接。举办技术路演、企业沙龙等线下活动，打通国内需求与国际资源对接，实现资源、技术、人才互通。

我国创新国际合作水平偏低，需激励创新主体增强国际创新合作。近年来我国专利申请量激增，但创新的国际合作水平严重滞后。作者建议：一是鼓励高校、科研机构和企业与世界一流研究机构建立长期稳定合作关系，并纳入创新评估。二是建立国际创新园、国际技术转移中心和国际企业孵化器等国际科技合作基地，在基地展开联合研究、国际培训、人才培训和信息服务。三是加强国别优势科技领域、科技管理制度研究，定期发布科技合作战略分析报告，建立面向"一带一路"沿线国家科技创新基地。

我国可通过四举措深化与全球创新前沿的互动和融入。更好融入国际创新需从四方面入手：一是深入研究新工业革命演化方向和各国动态，主动对接各国战略举措。如美国工业互联网战略、德国工业4.0战略、法国未来工业战略等。特别要借助有关部委力量，发挥商会、协会作用。二是根据"中国制造2025"战略重点任务，分领域有重点地加大技术和人才引进力度，整合国际"产学研官用"资源，在我国建设形成数十个国际创新中心。三是鼓励企业把研发能力延伸到发达国家，与全球领先科研院所共设研发机构，参股甚至控股国际知名科技公司。四是推出更多举措孵化新技术新产品，与社会资金共设新兴产业基金，给有先进技术和专利的初创企业10年免税优惠，在办公、高科技人才户口、租房、子女教育等方面仍需给予便利。

第七节　提升创新创业环境，打造一流创新型国家形象

国际化创新型国家要求建立符合国际惯例和创新规律的一流营商环境。我国营商环境与一流国际化国家和地区相比有待提高。世行"经商环境报告"显示，我国在知识产权保护、关税复杂性、解决国际争端等多项指标处在185个国家的中等位置。为提升国内营商环境，作者建议：一是发展重点产业知识产权快速维权机制，建立多元化国际化维权援助、纠纷调解、仲裁等一体化维权制度。推动PCT国际专利受理审查机构落户过程。二是推进一体化通关改革、国际贸易"单一窗口"建设。三是加快引入国际通用的行业规范、管理标准和营商规则。

专题四

全力打造全球创新的"深圳样本"

新兴经济体国家,特别是像中国这样的新兴大国建设全球科技创新中心面临着前所未有的发展机遇与挑战。对于进入大变革、大转型、大调整的中国而言,建设全球科技创新中心亟须全局考量,制定领先战略。建设全球科技创新中心不仅仅是某个中心城市或先进地区需要谋划布局的问题,更应该放在全局性层面来进行考量和决策。为此,课题组针对走在全球前沿的深圳作为大国创新崛起的样本进行了全面深入的实地调研和案例分析。

第一节 "十三五"目标:深圳谋定成为全球创新策源地

进入"十三五","深圳制造"将会给世界带来更多惊喜。2015年11月,深圳科技创新委员会发布了《深圳市科技创新发展"十三五"规划(征求意见稿)》,相较于2011年"十二五"规划"打造华南高地""东南亚地区科技创新中心"的目标,新的规划展现了"引领全国、影响全球"的雄心——力争成为"国家重要自主创新策源地"和"具有世界影响力的科技创新中心",并设置了五项具体目标与指标。"深圳制造"将以更快的速度、更高的质量、更加坚实的步伐崛起。

目标一：自主创新能力大幅提升，研发强度达世界第一梯队

2014年，深圳全社会研发占GDP比重为4.02%，超过全国平均水平2.1%；每万人拥有发明专利数65.7件，远超全国平均水平4.9件，如图4-1所示。

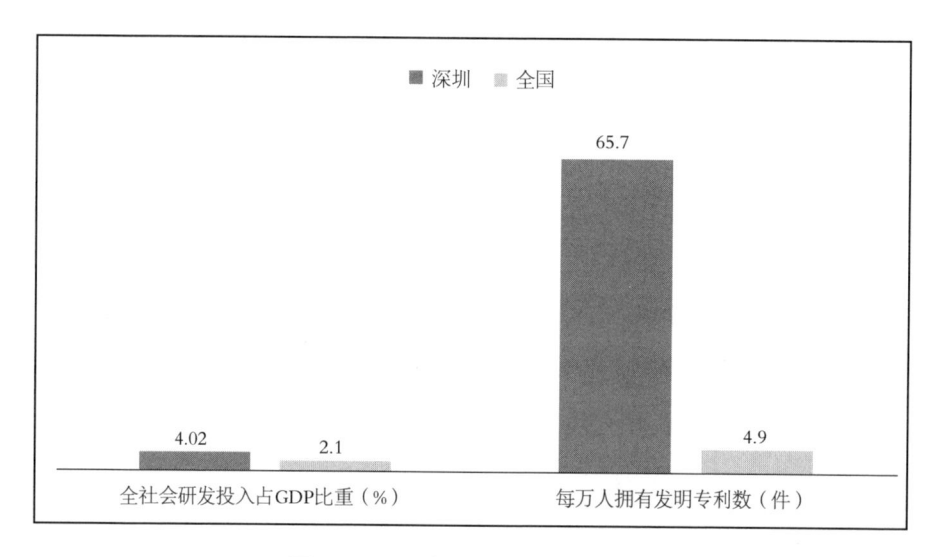

图4-1　深圳与全国创新能力对比

2015年，深圳成为我国首个以城市为基本单元的国家自主创新示范区，在"十三五"新蓝图中，深圳瞄准新一代信息技术、生命科学、新能源汽车等技术领域，目标是掌握一批具有自主知识产权的关键核心技术，部分达到世界领先水平，并设立了两项具体指标：全社会研发投入占GDP比重达到4.25%，每万人拥有发明专利76件以上。

横向对比来看，在全球各国中，目前只有以色列和韩国超过4%（2013年数据，以色列4.21%、韩国4.15%，OECD）。深圳的这一目标，将达到甚至超越全球研发强度最高的地区。

目标二：深圳科技基础设施更加雄厚，为制造崛起提供保障

要做"中国制造2025"战略的排头兵，就必须有雄厚的科研基础设施做保障。深圳致力于落户若干面向世界、服务全国的重大科技基础设施（已建成国家超级计

算深圳中心、大亚湾中微子实验室等重大科技基础设施，华大基因、光启研究院等新型研发机构），建成若干国际化、高水平的研究型高等院校和特色学院（如四所本地大学、三所名校深研院、九所国际分校）。深圳主要科技创新基础设施发展状况如图4-2所示。

科技基础设施	实际发展点
重大科技基础设施	国家超级计算深圳中心
	大亚湾中微子实验室
新型研发机构	华大基因
	光启研究院
研究型高等院校和特色学院	南方科技大学、深圳先进技术研究院、香港中文大学（深圳）、中山大学医学院（深圳）等本地大学
	清华大学、北京大学、哈尔滨工业大学等名校深圳研究生院
	北理莫斯科大学、吉大昆士兰大学、深圳国际太空科技学院、哈尔滨工业大学（深圳）国际设计学院、湖南大学罗切斯特设计学院、清华—伯克利深圳学院、华南理工大学深圳特色学院、俄罗斯列宾美术学院深圳学院、华盛顿大学深圳分校建设
	积极与香港城市大学、皇家墨尔本理工大学、康奈尔大学、英属哥伦比亚大学等国际名校合作

图4-2　深圳主要科技创新基础设施发展状况

深圳政府积极推动聚集一批高质量科研机构，打造一批国家级创新能力平台。力争到2020年国家级工程实验室、重点实验室、工程中心和企业技术中心等达到200家以上，建成约10家具有国际影响力的重大创新平台。

目标三：创新型产业高度集聚，战略新兴产业占比近半

展望未来，深圳将新产业、新业态、新技术和新模式的"四新经济"作为经济增长主引擎，力争在新一代信息技术、智能制造、生物医药等领域建成国家级制造业创新中心（工业技术研究基地）。到2020年，高新技术产业增加值占全市生产总值的比重要达到35%，略高于北京技术创新行动计划（2014—2017年）设定的目标34%；战略性新兴产业增加值占全市生产总值的比重达到45%，明显高于北京技术创新行动计划预计的25%；国家级高新技术企业超过10000家。

目标四：创新创业人才队伍壮大，人才竞争力指数大幅提升

深圳要在"十三五"期间基本建成全球高端创新创业人才集聚的"人才特区"。为此，深圳出台了高层次专业人才"1+6"文件、人才安居工程等政策措施，积极落实引进"珠江人才计划""孔雀计划""千人计划"人才，力争到2020年重点引进海内外高层次创新团队100个、海外高层次人才1000名以上、各类海外人才10000名以上、各类专业技术人员达150万名，创客服务平台数量达100个，创客空间数量达到400个。

深圳在对高阶知识创新人才的吸引上不懈努力，可与人才引进大国新加坡媲美。在2015年英士国际商学院（INSEAD）发布的《全球人才竞争力指数报告（GTCI）》中，新加坡的竞争指数排名全球第2位，亚洲第1位。在这项报告中，中国排名第41位。

《全球人才竞争力指数报告》指出，新加坡在"激励机制（第1名）""人才吸引（第1名）""高阶知识技能（第2名）"三个领域极具竞争力，展现出对高级知识人才的吸引力——这正是深圳当下的行动策略。不过，GTCI的报告同样指出"人才成长""人才保留"以及基本职业技能工作人才的重要性，值得深圳发展借鉴。GTCI人才竞争指数具体评分指标如图4-3所示。

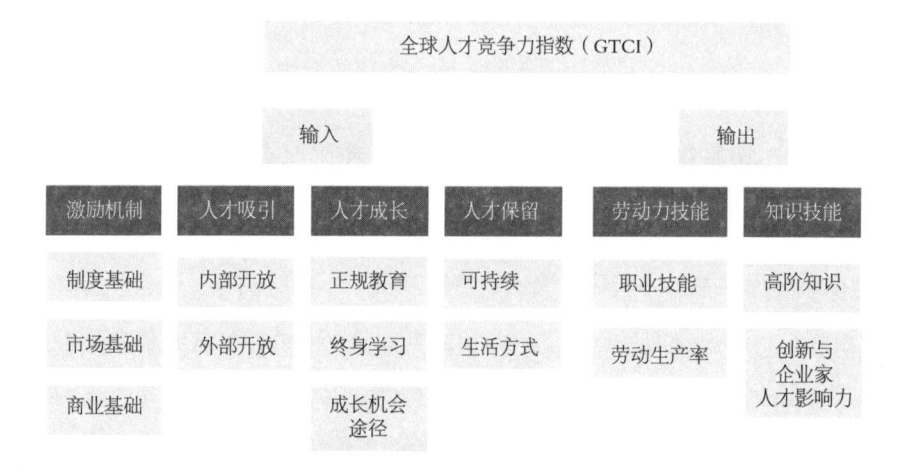

图4-3 GTCI人才竞争力指数具体评分指标

目标五：引领体制机制创新，深耕"全面创新改革试验区"

2014年9月，习近平总书记主持召开中央全面深化改革领导小组第五次会议时指出：我们的科技计划在体系布局、管理体制、运行机制、总体绩效等方面都存在不少问题，突出表现在科技计划碎片化和科研项目取向聚焦不够两个问题上。要彻底改变政出多门、九龙治水的格局。

2015年9月7日，中共中央办公厅、国务院办公厅印发了《关于在部分区域系统推进全面创新改革试验的总体方案》，深圳被列为全面创新改革试验区。9月24日，中共中央办公厅、国务院办公厅印发了一份重磅文件——《深化科技体制改革实施方案》，提出了143条具体切实的做法，为科技体制改革创新提供了行动框架。

深圳是过去40年中国改革开放的"试验田"和"桥头堡"。"十三五"期间，深圳将以国家自主创新示范区、国家全面创新改革试验区、前海深港现代服务业合作区、蛇口自贸试验区为战略平台，大力创新体制机制，如人才开放试点与人才引进、适用不同科技创新主体和项目的财政支持、金融支持创新、容错试错等机制，积极发挥在改革创新方面的开拓作用、示范作用、引领作用。

第二节　深圳产业定位：追求全球引领式产业创新

"国家重要自主创新策源地"和"具有世界影响力的科技创新中心"的战略目标并不遥远。根据《2015深圳科技年鉴》，2015年深圳全市科技型企业超过3万家，其中销售额超千亿元的3家，超百亿元的17家，超十亿元的157家，超亿元的1203家。深圳在"十三五"期间，有望打造一批能够形成重大产业优势，为国家"制造强国"战略做支撑的拳头产业。在"十三五"规划中，深圳确定了以下战略重点。

一、新一代信息技术产业集群："深圳质量"国际化前沿

在国家"十二五"规划中，新一代信息技术产业是国家七大战略性新兴产业之一，具有创新最活跃、带动性最强、渗透性最广的产业特点。但是尽管经过多年发展，它仍然有基础研发能力较弱、核心装备长期追随、信息安全受制于人等客观不足。

深圳在集成电路、软件与信息服务、网络和通信三大领域有较深厚积累，背负着国家战略突围的使命。中国作为全球电子制造业大国，集成电路一直是最主要的进口商品之一。一部 iPad 集成电路的价值占到整部机器的 50%，中国加工制造只得到 3.6% 的分成，集成电路的市场价值可见一斑。当前，中国国内芯片 90% 依赖进口，2013 年进口额高达 2313 亿美元，被称为国产集成电路的"缺芯"之痛。没有集成电路的基础支撑，中国电子产业将难以改变空心化的现实。深圳的集成电路产业正在杀出困境。《深圳集成锚定新兴产业，追求引领式创新电路技术与产业发展研究报告》指出，深圳拥有国家集成电路设计深圳产业化基地、中国最大的集成电路设计及制造企业海思半导体，2015 年深圳市集成电路设计产业总销售额将实现 380 亿元，同比增长 43%。

按照规划，深圳将重点发展集成电路设计业，到 2020 年，深圳 IC 设计产业年销售收入将达到 800 亿元，培育 10 家以上销售收入超过 10 亿元的骨干设计企业，1~2 家进入全球设计企业前十位。形成以设计业为龙头，制造、封测、材料、设备制造业及配套产业为一体的较为完整的集成电路产业链。深圳集成电路产业的稳步推进，将缓解中国集成电路的"缺芯"之痛。

深圳在软件与信息服务领域具备突破实力，依托国家超级计算深圳中心的基础设施和腾讯等企业的前沿实践，可以在大数据、云计算、虚拟现实等尖端领域取得实打实的发展。

大数据领域，研究机构迅速建设，大数据企业不断涌现。2013 年，深圳清华大学研究院、南山科技事务所、华大基因、腾讯等 15 家政产学共同发起的"深圳大数据产学研联盟"成立，研究数据获取、清洗、存储、挖掘、展示和安全等关键技术。

腾讯的社交产品微信、QQ 及其游戏每天已经通过数据挖掘为用户带来创新服务体验；北科瑞讯研发的"商情挖掘及服务平台"能够帮助近 900 家拟上市企业实现从初审到上市敏感时期的舆情监控。

未来，类似的大数据技术将被广泛应用在深圳移动互联网、医疗健康、金融服务等诸多领域场景。云计算方面，深圳发展了华为、宝德、金蝶、太极软件、南凌科技、智软软件等一批企业。国家超级计算深圳中心（深圳云计算中心）建设的鹏云系统成为深圳市云计算公共服务平台，已经运行了政务云、健康云、教育云等"九云一单一店"。深圳预计 2020 年前突破云计算基础设施层高效节能核心、新一代应用引擎、众核计算与 GPU 加速、异构计算、内存计算等技术。未来，深圳将建设一批公有云和私有云平台，成为辐射华南、港澳台和东南亚的世界一流数据分析平台。

作为底层基础，通信业的变革深刻影响着互联网生态的发展。目前，全球通信业已经步入升级关键窗口期，未来 5G 将又一次改变人类感知、获取、参与和控制信息的能力，真正有望使互联网、物联网、工业网全面融合。通信业的革命一旦形成，通信业优势国家将引领新一轮互联网生态更替。

中国拥有中兴、华为两个具有全球影响力的通信企业。中兴、华为在第四代移动通信 TD-LTE 技术领域的基本专利占全球的 1/5，同时在 5G 技术上已经走在前列，这是深圳得天独厚的优势。2015 年，中兴通讯在 5G 多天线、多连接、高频谱利用率等多个技术领域领先；华为在全球率先提出 5G 整套新空口技术方案。目前，中兴、华为都在 5G 国际标准制定上具有很强的话语权。到 2020 年，深圳将在新型计算、高速互联、先进存储、体系化安全保障等领域形成优势，保持通信技术世界领先地位，为"智慧城市"等物联网实践奠定坚实的网络基础。

二、先进制造集群：基础与智能双脚迈进创新主战场

"中国制造 2025"战略指出：形成经济增长新动力，塑造国际竞争新优势，重点在制造业，难点在制造业，出路也在制造业。在"十三五"规划中，深圳将"先进

制造"单列，重点发展关键基础件及通用件和智能制造两个领域，对应的正是国家五项重大工程中的"工业强基"和"智能制造"。2015年，深圳先进制造业占规模以上工业比重达到71.3%，产业呈向价值链高端延伸趋势。

打造基石，重点发展"四基"产业领域共性核心技术。2016年1月初，李克强总理在太原曾提到："去年，我们在钢铁产能严重过剩的情况下，仍然进口了一些特殊品类的高质量钢材。我们还不具备生产模具钢的能力，包括圆珠笔头上的'圆珠'，目前仍然需要进口。"中国制造业大而不强，处在全球价值链中低端的处境。其核心原因在于关键基础材料、核心基础零部件（元器件）、先进基础工艺、产业技术基础这"四基"基础能力薄弱。

对于深圳而言，"四基"同样是发展先进制造的基础。深圳将在"十三五"期间重点发展精密制造先进工艺技术、核心基础零部件及系统可靠性稳定性技术。2015年下半年，工信部组织了三次2015年工业转型升级强基工程评标，深圳市大疆创新、豪鹏科技、麦捷微电子科技分别在智能硬件底层软硬件技术、稀土储氢材料及器件、介质多腔滤波器与介质波导滤波器三个项目中标，展现了深圳在细分领域积累的基础实力。

未来，深圳的"四基"建设将有以下三个重点：其一，制造业关键基础件及通用件（如精密模具、精密丝杠导轨）努力获得自主产权，达到世界一流技术水平；其二，将在智能制造的基础技术和装备上进行发展，如机器人领域的伺服电机、高速高精度运动控制技术；其三，发展为智能制造的规模化生产奠定基础的智能化生产线领域的基础技术，如高功率激光切割、先进焊接与烧结技术与装备，高压水射流切割技术与装备，高速冲压技术与装备，先进成型技术与装备，智能数字化车间等一系列技术。

"十二五"期间，深圳在压力中进行转型升级，五年累计淘汰转型低端落后企业超过1.7万家，腾笼换鸟，初步显露智能制造的未来格局。在机器人领域，2015年深圳机器人产业规模约为480亿元，全产业增加值约为168亿元，从事机器人研发、制造及系统方案的企业共有100多家，形成了从配套、行业应用到终端产品的产业链。面对以库卡、发那科、安川电机和ABB四大家族为代表的国外机器人企业的竞争,深圳建立了两个机器人产业基地——宝龙基地和国际低碳城基地,拥有大疆创新、海威机电、兴数控科、精雕科技等拳头企业。未来,深圳机器人产业将在汽车以及物流、黄金加工、仓储等深圳传统优势产业进行破局,这些产业完整的上下游产业链将帮助深圳机器人制造加速规模化。

深圳在新型显示、可穿戴设备、高性能传感等其他智能领域也有望重点突破。例如,深圳柔宇科技的柔性显示屏、柔性传感器在全球居于领先地位,可直接应用于未来新型柔性屏幕智能手机等终端、可穿戴设备、汽车及航空等领域。在可穿戴设备领域,深圳是国内最大的研发生产基地,拥有从传感器、柔性原件到交互解决方案的完整产业链条,酷派、中兴、华为等设备商相继推出手环、腕表等穿戴式产品,产品和新业态不断涌现,集聚了上千家相关企业,产业呈现出爆发式增长态势。但应该指出的是,深圳在 MEMS 传感器、芯片和短距无线通信技术方面仍受制约,亟待突破。预计到 2020 年深圳机器人、可穿戴设备和智能装备产业增加值将超过 2000 亿元,成为新时期促进产业转型升级和加快转变发展方式的重要引擎。

三、新材料、新能源产业集群:深圳加快向绿色创新转型

新材料是高技术产业和先进制造业的基础和先导,新能源则是传统化石能源高强度消费下全球竞争的战略高点。对于这两大产业,深圳都是创新重镇。

在《深圳新材料产业振兴发展规划》中,新材料被确定为战略性新兴产业,并细分为三个板块:新材料支撑领域、优势领域、新兴领域,重点支持,形成了一系列企业集群。支撑领域指的是能够完善电子信息、新能源、生物等产业链,为经济发展提供材料支撑的关键材料研发、产业化项目,如电子信息材料、新能源材料、生物材料产业;优势领域指已形成一定比较优势的新型功能材料、结构功能一体化材料研发及产业化,如新型功能材料、功能结构一体化材料产业。

通过本地龙头企业带动,跨国企业(如杜邦、住友、日东电工)引进,政策、产业研发和金融支持,在电子信息领域、新能源领域已经形成配套能力优势;在

玻璃产业链下游深加工环节、功能高分子材料、生物降解塑料领域处于全国领先水平。

最值得瞩目的是新兴领域，它是指符合新材料发展动向、市场广阔、技术密集、附加值高的新材料产业，包括超材料、纳米材料、超导材料等领域，集聚了光启、德方纳米、纳米港、嘉达高科、格林美等优质企业。例如超材料，深圳光启拥有全球超材料领域86%以上的专利。超材料技术是一种通过复杂电磁结构的设计精确控制、调制电磁波传播的技术。光启的颠覆式空间技术产业在香港主板上市，研发出"云端号"和"旅行者号"等能够提供通信覆盖、大数据收集等服务，但是，其产品与谷歌热气球网络计划（Project Loon）在概念完成度上存在一定差距。

21世纪以来，以核能、太阳能、生物质能、新能源汽车为代表的深圳新能源产业发展迅速，涌现出中广核、比亚迪等产值过百亿元的龙头企业，以及拓日、创益、伽伟、嘉普通、艾默生、能源环保、南玻等一批产值超亿元的新能源知名企业。研发方面，深圳新能源科技研发已形成以企业为主体的研究体系，在部分领域关键技术形成了研发优势；产业方面，依托于深圳发达的电子信息业和完备的产业配套能力，新能源制造业拥有扎实基础——新能源汽车制造、垃圾焚烧装备制造达到国际先进水平，核电配套装备制造、非晶硅太阳能电池成套设备制造产业初具规模。

根据"十三五"规划，到2020年，太阳能产业将打造完整光伏产业链，掌握高效率薄膜太阳能电池产线装备制造和产线工艺等产业化关键技术；新能源汽车产业将重点发展从关键零部件到整车的完整工业体系，突破三元体系锂离子动力电池产业化关键技术；核电领域重点发展核电站辅助设备自主设计与制造技术，依托"二代+"和第三代核电站技术，突破核电信息化集成关键技术。

四、生命健康产业集群：打造科技、经济、民生最佳结合点

近10年来，全球生物产业销售额每5年翻一番，增长率达25%~30%。深圳作为国家首批生物产业基地，依靠生物产业基础积累与新一代信息技术产业的雄厚实

力，有望发展成为国际领先的生物和生命科技创新中心、全球知名的大健康产业集聚基地。

深圳的生物与生命健康产业集群主要围绕在基因检测技术、医疗器械、新型诊疗及大健康产业。基因技术已从科学研究的积淀期迈入产业化的经济轨道。以中国大陆为例，2011年，中国的测序市场规模就已达10亿美元。深圳的政策环境、IT基础吸引了中国最优秀的基因研究企业华大基因落户。当前，华大基因已成为世界最大的基因组研发与科技服务机构，在干细胞和肿瘤免疫细胞治疗、基因治疗等生物医疗产业发展基础较好，部分领域处于国际领先地位。

2012年，在完成对美国上市公司Complete Genomics的收购后，华大基因打通了从基因检测下游的分析服务，到设备开发制造、仪器设备核心技术的上游产业链条。2014年，华大基因成功使基因测序成本降低到1000美元。华大基因开展了1000余种罕见病研究，积累了大量中国人单基因病突变数据，大部分可进入临床。其中，无创产前基因检测、耳聋基因检测、遗传性乳腺癌基因检测等项目至今已完成近22万例。

2015年，华大基因的基因测序产出能力已经占全球50%以上，被科学杂志《自然》称为基因组学、蛋白质组学、生物信息分析领域的"领头羊"。依托华大基因等优质企业的研究推进，到2020年，深圳将突破一大批基因检测核心关键技术，形成系列标准，使基因测序成本降低到100美元以内。建立全球最大的基因诊断平台，基因检测技术在生命健康等领域应用逐步普及。统计指出，人一生在医疗经费上支出最多的是生命中的最后7年。人口老龄化对于城市来说，是一个重大民生问题；对于产业来说，则是一个巨大的医学市场。深圳依托在医疗器械、新型诊疗产业上的领先优势，将酝酿面向全国市场的健康产业。

深圳发展医疗器械、新型诊疗产业的第一优势是细胞领域。在诊疗领域，深圳北科生物是中国专业从事干细胞基础研究、临床应用研究的代表企业，建成了亚洲最大的综合性干细胞库群，成为全球首个通过美国血库协会（AABB）认证的综合干细胞库群。

在这一领域，还涌现出赛百诺、博泰生物等一批知名企业。在医疗器械领域，有深圳迈瑞公司为代表的中国领先的高科技医疗设备研发制造企业。深圳将在医疗器械、新型诊疗领域进行优势延伸，建立生命健康产业集群。为此，深圳于2013年9月审议通过《深圳国际生物谷总体发展规划（2013—2020年）》，重点建设深圳国际生物谷，并鼓励社会资本举办三级医院，实施医疗卫生"三名工程"，仅2015年就引进了24个国内外一流医疗团队，新增医院20家，千人病床数增长37.2%。三甲医院由3家增至10家，国家级医学重点学科由4个增至12个。香港大学深圳医院等引进医院正式运营。在"十三五"规划中，深圳将构建国家综合细胞库；系统制定免疫细胞、干细胞等制备检测、临床应用、疗效评估等技术标准，打造精准医疗模式应用示范基地。发挥医疗器械产业的比较优势，增强研发能力，提升医疗器械关键核心技术水平，建设国内规模最大、具有全球影响力的医疗器械产业集聚区。

预计到2020年，深圳将孕育出新的国际前沿生物技术集群，成为深圳又一项具有世界影响力的"四新经济"。创新驱动发展，2015年深圳全市战略性新兴产业增加值7003.48亿元，增长16.1%，占全市GDP比重40.0%。其中生物产业增加值254.68亿元，增长12.4%；新能源产业增加值405.87亿元，增长10.1%；新材料产业增加值329.24亿元，增长11.3%；新一代信息技术产业增加值3173.07亿元，增长19.1%；互联网产业增加值756.06亿元，增长19.3%；文化创意产业增加值1757.14亿元，增长13.1%；节能环保产业增加值327.42亿元，增长12.0%。到2020年，战略新兴产业将成为深圳发展的主引擎，创新驱动发展的深圳，将向成为中国自主创新策源地和世界科创中心坚实迈进。

第三节 "深圳制造2025"：高端装备担当制造强国战略领军者

2015年5月，国务院发布了《中国制造2025》，提出了"制造强国"这一意义深远的战略。深圳市政府随后制定了《〈中国制造2025〉深圳行动计划》，与国家战略进行对接。事实上，深圳制造业的综合实力在国内已处引领之势，率先走上制造业转型和创新发展之路，有坚实基础担当起制造强国战略领军者的使命。

国务院部署的"制造强国战略"跨度30余年，全面描绘了我国制造业发展的目标、方针、路径。它的实施分为"三步走"，第一步，第一个十年以《中国制造2025》为行动纲领，它在我国制造业的整体素质、创新能力、质量效益、两化融合、绿色发展及在世界价值链中的地位等方面都提出了具体的奋斗目标，力争我国在这一阶段迈入制造强国的行列。第二步，要在2035年达到世界制造强国阵营中的中等水平。第三步，中华人民共和国成立100年的时候，在世界制造强国阵营中要位居前列，建成全球领先的技术体系和产业体系。

深圳在对接国家战略的《〈中国制造2025〉深圳行动计划》等规划文件中，提出了这样的发展目标：到2020年，增强创新，全社会R&D占GDP比例达到4.25%以上，每万人拥有发明专利76件以上，建成10家左右具有国际影响力的重大创新平台，争取2~3家国家制造业创新中心落户深圳，突破一批关键核心技术，建成一批达到规模要求的产业集群，显著提升制造业"绿色含量"；到2025年，打造国际创客中心和创投之都，打造一批高端产业集群区域品牌，产业的数字化、智能化水平显著提高，制造业绿色发展达到国际先进水平，最终跻身国际制造业强市之列，初步形成世界一流的创新产业体系，成为国内创新驱动发展的策源地。从长期来看，深圳的愿景不止于此，它将在国际上打造"中国制造"的高端名片，并朝着比肩硅谷的世界级科技创新中心迈进。

高端装备是一个国家的战略性产业和工业崛起的标志，是一国制造业的基础和核心力量所在。在全球新一轮竞争中，凝聚着先进技术的高端装备是各国布局的重要领域。深圳的发展特别重视高端装备行业，在相关领域取得了非凡的成绩。2015年，在以航空航天、医疗仪器设备为代表的高技术制造业中，深圳增加值4491.36亿元，增长9.6%，增速高于同期全国平均值，并超过北京、广州等一线城市。在连续14年的发展中，深圳装备制造产业已经增长344%。"国际上有竞争力的装备制造产业基地"，获此殊荣称号，深圳当之无愧——拥有全球最大的金属集装箱、数字万用表生产基地，全球最集中的复印机、打印机生产基地，国内最大的程控交换机、压铸机生产基地和微电机出口与生产基地，在线路板制造设备、交换设备、电子计算机整机装联等诸多细分行业产量居全球前列。

先发制人、精准布局，深圳市倚靠强大的科技与智力支撑，努力打造自主创新品牌，瞄准航空航天、轨道交通、海洋工程及智能制造等高端领域，结合"中国制造2025"重点突破方向，深圳高端装备的发展历程无疑为我们提供了宝贵的经验。

航空装备：全方位的领先优势。在中国，深圳无疑是航空装备产业的制造重镇。2015年，深圳的航空航天产业规模达到近600亿元。此外，深圳已经初步形成覆盖适航取证研发、航空电子元器件、机载模组、无人机、机场地面设施制造等领域的产业链。依托人才集聚与毗邻港澳的优势，深圳已经在诸多领域处于领先地位，涌现了一批具有强大竞争力的企业。

在航空电子领域，中航实业、振华富、国微电子、深南电路、中航比特等企业技术领先；在无人机领域，大疆、中航华东光电、一电科技等在飞控、航拍领域领跑全国；在机场地面设施领域，中集天达登机桥生产能力居世界首位；在航空维修领域，汉莎技术具备空客A320等各等级飞机的维修能力，中信海直具有国内唯一的欧直系列直升机维修授权。

多元化政策引导。提高创新能力，是实现制造业崛起的重要路径。深圳市政府积极与国内智力机构展开合作，引进中航工业集团、北京航空航天大学、中国民用航空局来到鹏城搭建科研基地。在"1+1>2"理念的启发下，深圳政府鼓励成立产业联盟，将高校、科研机构与行业协会的力量汇聚在一起。并且营造配套的产业环境，建设航空电子产业园，吸引国内外高层次技术团队。整合空间资源，以宝安国际机场、前海深港、福田、南山等商务区形成"一核、一带、多极"布局。

融资与创新，成功关键之所在。富有创新活力的小微企业吸引了众多的风险资本，使得深圳成为国内有名的风投聚集地。不能忽视的是，大疆能有今天，五年前的一笔风投功不可没。2010年，香港科技大学为大疆注入200万元，助其度过最初的艰难时期。随后，红杉资本、Accel等跟进投资，为大疆提供了充足的资金支撑。在深圳，创新与创投共生共振的现象正不断发生。

海洋装备：制造业新的增长极面向南海，深圳将拥抱更宽阔的未来，掘金蓝色国土。珠江东岸，南海之滨，深圳拥有着极为丰富的海洋资源。目前，深圳的海工装备产业规模已超100亿元。2015上半年，其产业增加值为31亿元，同比增长31%。从填补国内高端装备海上试验空白，到中集集团海上钻井平台建成，深圳的海洋装备产业进入加速发展时期。

创新载体的聚集地。将发达的电子信息产业嫁接在海洋装备之上，是深圳独特的发展路径。而产业融合，则归功于其强大的创新能力与布局。从2013年起，一批海洋装备科研机构在深圳落地。这里有中南大学的海洋探测与装备标准化研究所，还有备受瞩目的清华大学"深海海洋工程装备配套试验基地"。同时，深圳政府与大型企业的合作项目也正快马加鞭全力推进，如中集集团与中兴仪器的企业技术中心，招商重工、友联船厂的海洋装备设计研发中心。

取长补短，为我所用。吸引海内外高层次人才，引进国外高端技术，亦是深圳市壮大海洋装备产业的一大法宝。"孔雀计划"是深圳政府为引进人才而制定的政策。2013年，在海洋装备领域，已有3~5支具有持续创新能力的世界一流科研团队准备于深圳落户。此外，为提升海洋装备产业层次，深圳政府加强与欧美、新加坡、韩国等海洋工程装备先进国家的合作，引进细分领域的龙头企业和技术，推动关键技术领域的消化吸收和再创新；并且大力引进国内海洋工程装备龙头企业区域总部和研发中心，建设海洋工程装备企业总部基地。

智能装备：深圳智造领跑全国创新驱动，智能装备发展迈上新台阶。产业规模国内领先。在以机器人、可穿戴设备为核心的智能装备领域，深圳率先发力，2015年机器人产值超过500亿元，总体水平在全国遥遥领先。其中汇川、雷赛、劲拓等一批知名企业产值平均增速超过30%。深圳拥有国内最大的可穿戴设备研发生产基地，拥有从传感器、柔性原件到交互解决方案的完整产业链条。龙头企业宇龙在国内率先推出智能手表、健康配件。此外，深圳的激光自动焊接设备、线路板三维检测设备在国内名列前茅，生命信息检测仪器研制取得重大突破，理邦公司国内首款自主研发的血气生化分析仪成功上市。

创新环境"保驾护航"。目前，"智造"是深圳制造业的一张闪亮的名片，这要归功于其发展模式从加工—出口贸易向自主创新的转变。2013年，深圳全社会研发投入占GDP比重达4%，PCT国际专利申请量占全国48.1%。2013年，深圳在智能装备相关领域拥有重点实验室30个，工程实验室16个，工程（技术）研究中心12个，公共服务平台7个。国家超级计算深圳中心等科技基础设施已投入运营，以清华深圳研究生院、哈工大深圳研究生院等高校和科研机构为主体的智能装备研究体系初步建立。受创新环境的支撑，可以说，深圳在机器视觉、智能信息处理等方面已接近世界先进水平。

高端医疗装备：补强中国制造短板。诞生于深圳的迈瑞，如今已成为一家全球领先的医疗设备供应商。2014年，迈瑞营收同比增长8.9%至13.2亿美元，其中中国地区营收增长至6亿美元；西欧地区营业收入取得20%的年增长。全球190多个国家、中国10万多家医疗机构、95%以上的三甲医院受惠于迈瑞的产品与方案。

在研发上，迈瑞承诺每年都将投入10%营业额，不断更新的技术与产品迅速占领了广阔的海内外市场；自创立以来，迈瑞相继推出80余项新产品，拥有全部自主知识产权及1400余项专利技术，填补国内科研、开发的空白，创造了多项中国"第一"；此外，在深圳、北京、南京、成都、西安、上海、西雅图、新泽西、斯德哥尔摩、迈阿密，迈瑞还设立了10个研发中心，并且30%的员工服务于研发系统。

第四节　全球十大科创中心的实力比较

当前，世界各国纷纷将"创新型城市"设定为城市的发展目标和理念，形成一批具有完善创新生态的世界级创新中心。根据《2015 国际大都市科技创新能力评估》报告的数据，在波士顿、柏林、巴黎、北京、伦敦、纽约、首尔、深圳、上海、东京全球十大都市中，用创新态势、创新热点、创新主体和创新合力四个维度以及专利数据、学术论文和会议论文三个指标来衡量深圳的创新实力，就会发现深圳已然身处全球创新城市第一梯队。

一、深圳创新成果增长态势强劲，多项指标位居全球前列

专利技术发明态势方面，在 2004 年 1 月至 2015 年 8 月期间，深圳市共申请 52304 项 PCT 专利，数量继东京之后位于全球第二位。2004—2013 年，深圳 PCT 专利年度复合增长率与北京并列第一，为 31.8%。远超其他老牌创新城市如东京（8.5%）、巴黎（7.3%）、波士顿（1.1%）、柏林（0.4%）等，纽约和伦敦甚至出现了 2.6% 和 1.1% 的负增长。

学术论文发表方面，2005—2014 年十年间，深圳市年度复合增长率为 28.1%，是复合增长率最低城市东京（1.0%）的 28 倍，也是十大城市复合增长率中位数的 6 倍。从会议论文发展态势上看，2005—2014 年深圳虽然发表会议论文的数量低（3294 篇），但十年间年度复合增长率为 15.7%，全球十大都市中除深圳、北京和上海外，均为负增长。对以上三个指标的年度复合增长率分析表明，深圳创新态势总体呈快速上涨趋势，学术论文和会议论文发表量与其他大都市相比逆势快速增长，态势强劲，与全球十大都市创新实力对比后劲巨大。

二、深圳创新焦点更加注重对接战略新兴产业

从全球十大都市的专利热点和论文热点来看，以伦敦、纽约为代表的西方城市以医学为创新热点，此类城市还包括柏林、波士顿、巴黎；而以北京、深圳为代表的东方城市则更加专注于材料科学、应用物理和化学等学科。总体上，十大城市创新热点往往体现了区域产业创新的发展方向。

相较全球其他创新都市，深圳创新热点与战略新兴产业结合得更为紧密。深圳的专利拥有和会议论文主要专注于计算机、通信和电子类，主要学术研究方向为材料、工程电子等理工类的基础学科。

2010—2015 年，深圳市共申请电子通信技术类专利 35306 项，为专利申请最多的领域。材料科学与多学科学术论文发表 1446 篇，为学术论文发表最多的学科。会议论文发表最多的领域是工程、电子与电气，共发表 1094 篇。此外，生物科学、纳米科学、人工智能与光学方面的专利和论文数量也是榜上前十。深圳市的创新热点主要集中在新一代信息技术产业、生物产业、高端装备制造和新材料四大战略新兴产业领域。

三、创新主体集中度高，本土企业占据主导地位

从全球十大城市创新集中度来看，深圳的创新活动明显更集中在少数巨型企业中。考察十大城市各自专利申请的佼佼者，我们发现专利申请前 20 强所申请的专利数量一般占总量的 35%~55%，而这一数字在深圳则达到了 86.31%。深圳专利集中在如华为、中兴通讯等少数巨型企业手中，而如此高的专利集中度则为此类企业带来了强劲的国际竞争力。

从创新主体的类型来看，深圳更偏向于企业主导的创新。在深圳专利申请 20 强中，包含了 16 家企业，而高校申请人仅 4 席。对比其余九大创新城市，仅东京（20 强皆为企业）与伦敦（20 强中有 18 家企业）拥有更高的企业占比。相对于高校，企业申请的专利项目往往更贴近市场需求。企业主导的创新在深圳创新活动中的高占

比，从一个侧面映射出了深圳创新活动与产业、市场的紧密联系。

从创新主体的所属来看，深圳创新活动主要由本土企业引领。深圳市专利申请数量排名前 20 的机构中，来自深圳市的机构数量为 17 家，这一数量仅低于东京（19 家）和巴黎（18 家），表明深圳本土机构在专利申请中的贡献占主导地位。而这 20 家机构中，有 16 家为企业，还包含 2 所大学和 2 家研究所。

排名前三的专利申请机构是华为技术有限公司、腾讯科技公司和深圳市华星光电技术有限公司，这三家企业 2004 年 1 月到 2015 年 8 月分别申请 21019 项、15304 项和 2708 项专利，占 TOP20 专利申请总量的 89.1%。

学术论文与会议论文发表数量上深圳大学均排名第一，此外华大基因、南方科技大学、华为科技有限公司、深圳人民医院和中国科学院深圳先进技术研究院等深圳市本土机构也上榜前 20 名。前 20 家学术论文与会议论文发表机构的发文数量均占总量的 82% 以上，表明深圳的创新相对集中在少数科研能力较强的大学、企业和科研机构。

四、创新合作方面有待加强，知识流动效率至关重要

深圳创新合作水平仍然较低，这是目前创新体系的一个短板。专利方面，波士顿在专利创新合力方面处于领先地位，申请人合作比例（50.5%）与发明人合作比例（82.3%）均排名第一。纽约、巴黎、首尔与北京的专利发明人合作比例也表现不俗，均占到 75% 以上，展现出技术与科技研究之间借鉴和转化程度较高。对比之下，深圳整体创新合力不高，申请人合作比例与发明人合作比例为 16.72% 与 63.59%，两项指标排名滞后。从学术论文的国际合作项目占比上来看，伦敦有 53.4% 的学术论文都参与了国际合作，接近这一比例的还有柏林（48.8%）和巴黎（51%），深圳与其他城市均在 35% 以下。

学术论文方面，深圳、北京和上海的政府资金项目占比为十大都市中最高，分别为 80.4%、76.9% 和 75.6%，伦敦的学术论文政府资金项目占比最低，仅为 42%。另外，考察以华为、深圳大学为代表的创新能力较强的本土机构，其创新合作能力

则相当领先。深圳市专利合作数量最多的公司是华为,该公司与中国科学院计算技术研究所合作项目最多,从 2004 年 1 月到 2015 年 8 月,两机构共合作申请专利 84 项。此外,华为与清华大学、中国科学技术大学、北京邮电大学、上海交通大学和浙江大学的专利合作数量也上榜前十。除华为外,中兴公司、光峰光电有限公司、绎立瑞光科技开发有限公司和深圳市大族数控科技有限公司在专利申请上与其他机构合作数量均上榜前十。

第五节 积极构建全球创新网络,推动创新全球化

深圳作为中国改革开放与创新型城市建设的先锋,如何更好地汇聚全球创新资源、提升国际价值链的地位,构建全球创新网络为我所用,是打造制造业创新高地的重要问题。深圳积极构建"深港创新圈",建设"一带一路"创新桥头堡城市,打造国际创客中心,与世界创新大都市合作,最终瞄准"世界级创新策源地"这一宏伟目标,"全球创新网络"的战略蓝图在逐步清晰。

一、构建"深港创新圈",成为区域创新体系龙头

深圳与香港一河之隔,辅车相依。深港两地有着地缘邻近和同源文化的先天优势,经济与文化交流合作频繁,科技与产业优势互补,企业间业务合作深入广泛,两地具有坚实的融合基础。深圳与香港进一步深化创新合作,是将"深港创新圈"发展成中国、亚太乃至世界创新策源地的重要路径。

2007 年 5 月,深港两地政府正式签订《"深港创新圈"合作协议》,酝酿多年的深港创新圈建设正式启动。深圳市政府将"深港创新圈"的目标定位为"由深港两地政府和民间力量共同促成,由两地城市创新系统、产业链以及创新资源互动、有机接连而形成的跨城市、高聚集、高密度的区域创新体系及产业聚集带"。"深港创

新圈"建设已经在以下几个方面蓬勃展开。

第一，推进深港两地科教资源的区域合作。利用两地科教资源互补优势，将合作机制制度化。一方面，深圳借助香港实力雄厚的教育资源对深圳的科研人员等进行培训；另一方面，香港各大学也希望利用深圳良好的科技环境和企业群体为其培养的人才提供施展空间。

第二，构建深港科技产业联盟。具体合作路径则可以分为以下两种，一是"从深圳到香港"模式。结合内地、深圳和香港在产业链中不同环节的优势，将内地优秀研究成果在深圳进行成果转化和产业化，然后输入到香港进行市场化，并利用香港的产品信息优势辐射国际市场。二是"从香港到深圳"模式。由香港了解国际市场需求和质量标准，制定产品开发目标，利用深圳制造体系供给产品。

第三，建立包括人力资源、信息创新要素共享平台。双方政府共建人才交流中心、行业协会、科研机构，促进交流互访和高科技人力资源合理配置。信息要素方面，香港曾提出"建立跨境宽频，形成一个优质而可靠的网络，推行跨深港企业的电子商业交易及数字内容传送服务"。

第四，统筹两地基础设施发展规划，致力于交通网络发达、能源基础网络对接和信息网络顺畅。整合两地高新技术产业园区和高等教育科研区。将深圳高新区、前海现代服务业区和大学城与香港科技园、数码港和九龙大学群等资源整合。

深港创新圈的建立是深港两地合作的新起点，更是深圳构建全球创新网络的第一步。目前的深港合作，正从过去"民间、被动、单向、低端、局部、一元"的状态提升到"官方、主动、双向、高端、全面、多元"的新状态。

二、以"一带一路"为契机，将深圳建设为"21世纪海上丝绸之路"创新城市桥头堡

2015年5月深圳第六次党代会报告中，进一步对深圳在国家"一带一路"倡议中扮演的角色提出了明确要求："加快将深圳打造成为'一带一路'的枢纽，充分发挥深圳地缘、商缘、人缘优势，依托粤港澳大湾区，以交通互联、经贸合作和人文

交流为重点，着力打造21世纪海上丝绸之路桥头堡，努力在'一带一路'建设中发挥战略枢纽作用。"深圳以"一带一路"为依托，充分发挥前海的战略平台作用，打造面向南亚、东南亚的创新辐射中心，致力于建设国际一流研发城市。

深圳处于"一带一路"沿线城市的关键节点，以华为、中兴、腾讯、华大基因、比亚迪等领军的本土科技型企业构成了深圳开放创新的基石。截至2014年，深圳对"一带一路"沿线国家投资与合作总金额累计超过100亿元，全球PCT专利申请前50名的6家中国企业中，有5家来自深圳。深圳作为全球创新的一支生力军，吸引了许多跨国公司研发中心进驻，提升了深圳与全球研发网络的融入程度。

未来，深圳本土企业将以更大力度实施研发"走出去"战略，有效利用"一带一路"合作平台和机制，在更广阔的空间寻找研发资源，积极拓展海外研发要素，增强本土企业对高端价值链的掌控力，提升深圳在"一带一路"创新网络中的战略地位。

三、着力打造国际创客中心，为创业者搭建良好的生态系统

2014年11月，中国科学院深圳先进技术研究院与南山区签署共建"国际创客中心"合作协议，"深圳国际创客中心"由此落户南山。2015年10月，"全国大众创业万众创新活动周"深圳分会场启动，创新、创业、创投、创客的发展进入新的阶段。随后，深圳又出台了《促进创客发展三年行动计划（2015—2017）》，详细制订了深圳打造国际创客中心的主要任务和行动计划，内容可以概括为"四个一"：建成一批低成本、开放式、便利化的创客空间载体；汇聚一批创意丰富的创客人才；营造一种创客教育普及深入、创客精神发扬光大的城市文化；形成一套内容丰富、政策完善的软硬件资源和创客服务体系。

深圳已经初步形成创客生态和多层次创客创新链。目前有各类创客超过1万人，各类创客空间107家，深圳创客的全球影响力正在形成。2015年9月底，深圳矽递公司在美国发布了全球首款开源模块化手机RePhone的套件，创客可以在家做出人机交互的产品。乐美客公司通过为全球创客提供开源硬件，使深圳"创客之都"的

形象享誉世界。创客的崛起丰富了深圳的创新链,既有华为、华大基因等大型科技企业,也有大疆、光启等新崛起的中小创新企业,还有柴火空间、矽递等创客空间,共同构成创新生态链,为全球创客提供宽阔舞台。

四、与世界核心创新城市合作,建设创新全球化合作"直通车"

2015年7月,深圳出台的《关于国家自主创新示范区建设实施方案的通知》中明确提出,要开展全方位、多层次、高水平的国际科技合作,提升城市国际科技地位和核心竞争力,与全球顶尖创新城市深度合作。

目前,深圳与以色列产业技术研发合作项目已经征集到第四轮,全面深化两地新技术、新产品、新工艺和新材料的联合开发。以色列国土面积狭小且资源有限,但其创新能力长期居于世界前列。根据世界经济论坛发布的《2014—2015全球竞争力报告》,以色列被评为"创新驱动型"国家,其创新能力、科研机构水平、R&D投入、专利申请量等关键创新指标均位于世界前列,大量的高新技术创业公司聚集在特拉维夫等大都市群,数量仅次于美国。深圳作为一座年轻的移民城市,与特拉维夫的发展历程相似,开拓精神、创新精神是两座城市的共同特质。

第六节 深圳以"人才特区"支撑创新高地

深圳制造从表现上看强在创新,本质上则是强在人才。人才是科技创新的第一要素,创新驱动的实质是人才驱动,就像深圳市科技创新委副主任邱宣所说,"深圳35年来的发展得益于人才,未来35年或更长的时间要持续发展,依然要靠人才。"

深圳一直坚持把人才作为驱动创新的第一资源,出台多项政策措施,吸引国内外一流创新团队,积极培养本土人才,营造创新文化氛围,努力打造"人才特区",为深圳制造的崛起打下坚实的基础。

一、多措并举建设人才特区，聚合全球创新资源为我所用

当今世界，创新资源的全球整合，推动着创新人才在世界范围内更加迅猛地流动，其速度、范围和规模都是空前的。发达国家利用已有优势，通过放宽技术移民政策、设立合作研究项目等方式，持续增强对全球优秀科技人才的吸引力。新兴国家也纷纷推出各类优才计划，积极参与全球化竞争。

近年来，深圳始终坚持把人才作为驱动创新的第一要素，已经取得累累硕果。高层次专业人才"1+6文件""孔雀计划"等政策措施，将大批国内外高水平专业人才吸引到深圳，虚拟大学园、龙岗大学城学术交流中心等项目，也在为深圳本土人才的培养积蓄力量。

在《深圳市科技创新发展"十三五"规划（征求意见稿）》中，深圳市将创建"人才特区"作为下一个五年的发展目标。《规划》中提到，在下一个五年，要做到人才改革试验取得突破，创新创业环境持续优化，人才法律政策环境不断完善，基本建成全球高端创新创业人才集聚的"人才特区"；力争到2020年建成若干现代化、国际化的规模宏大、结构合理、素质优良、具有明显国际竞争比较优势的科技创新人才队伍，涌现出一批站在科技前沿的科技领军人才，重点引进100个海内外高层次创新团队、1000名以上海外高层次人才、10000名以上各类海外人才，各类专业技术人员达到150万名。

二、"高层次专业人才1+6"计划，发力人才战略

为了解决深圳长期以来存在的高层次专业人才存量少，人才政策缺乏战略规划、零散不配套的问题，2008年，深圳推出首个综合配套人才政策文件——《关于加强高层次专业人才队伍建设的实施意见》"1+6"文件，这套文件的主要适用对象是战略新兴产业领域的高层次专业人才，分别从创新引进使用政策、加大培养力度、加强载体建设、健全激励和保障机制四个方面，提出了25项具体措施。

"1+6"文件最大的改革创新之处在于，改变了过去以政府为单一主体的人才评

估机制，建立不唯学历、职称、国籍、户籍，体现能力、突出业绩的高层次人才评估和选拔体系。如在认定条款中，"中国专利奖""中国青年科学家奖"体现了业绩评估，"鲁迅文学奖""中国 IT 年度人物奖"体现了行业评估，"若干外国国家最高学术权威机构会员（院士）""在 Nature 或 Science 杂志上以第一作者或通讯作者发表论文者"则体现了国际认可。

同时，针对不同类型、不同专业的特点，还引入了企业、行业协会、中介组织等多元主体评估，使评估结果更加客观、准确，符合实际情况。这套办法标准清晰、导向明确，用高层次专业人才感受来说，就是"看得见、摸得着，知道了自己该怎么努力，我只要继续努力，就能成为某个层次的人才，不必求人"。根据配套文件中的认定标准，高层次专业人才被划分为杰出人才、领军人才、高级人才和中初级人才四大类。其中杰出人才为最高层次智力资源，包括诺贝尔奖获得者、国家最高科学技术奖获得者、中国科学院院士、中国工程院院士以及美国、日本、德国等 20 个发达国家的最高学术权威机构会员。经认定后的各层次人才可享受文件规定的相应福利政策。

自 2008 年 10 月政策实施以来，截至 2013 年上半年，通过该计划引进的高层次专业人才共计 2685 人，其中杰出人才 7 人，国家级领军人才 175 人，地方级领军人才 1258 人，后备级人才 1245 人。其中包括全职在深工作院士 11 名，"973"计划项目首席科学家 6 名，"863"领域专家组组长 2 名，国家杰出青年科学基金项目负责人 4 名，国家实验室主任 2 名，在 Nature 和 Science 杂志发表论文的第一作者或通讯作者 45 人，鲁迅文学奖获得者 1 名，可谓是硕果累累。

三、实施"孔雀计划"，吸引海外高端人才聚集深圳

考虑到海外人才的特殊性，2011 年 4 月，深圳市委市政府颁布实施《关于实施引进海外高层次人才"孔雀计划"的意见》及 5 个配套文件，旨在推动人才队伍结构优化、提高自主创新能力，把深圳建设成为亚太地区创业创新活跃、海外高层次人才向往汇聚的国际人才"宜聚"城市。

纳入该计划的海外高层次人才，可享受80万元至150万元的奖励补贴，以及居留、落户、出入境、子女入学、配偶就业、医疗保险等特定待遇；对引进的海外高层次人才队伍，将给予最高8000万元专项资助。

"孔雀计划"已认定的海外高层次人才都体现了"高、精、尖、青"的特点，其中97%为博士研究生，70%以上拥有国际或国内多项发明专利、受聘于专业研究机构和高新技术企业；他们的专业主要集中在高新技术、金融、物流、文化等支柱产业，以及新能源、互联网、生物、新材料等战略新兴产业，其中30%为电子信息通信，24%为生物医学，14%为新能源，16%为新材料，16%为基础研究，这种结构与深圳经济社会发展的需求相吻合；85%的人才年龄集中在30~45岁。这些人才一般都具有较高的专业素养和丰富的海外工作经验，掌握先进科学技术，并熟悉国际市场运作机制，他们的进入为深圳的发展带来了重大的经济和社会效益。

不仅要引得来，更要留得住人才。为了留住人才，深圳还出台了一系列配套政策，从创新回报、知识产权保护、住房、家人安置、社会福利等方面，为高层次专业人才安心生活、称心工作、专心发展、潜心提升营造适宜的环境。

为了让引进的高层次专业人才尽快适应深圳环境，深圳政府提供了各种便利：提高政府办事效率、降低海外人才的办事成本，为高层次人才办理人才确认、补贴申领等提供"一站式"服务；实施人才安居工程，从普通留学归国人员到海外高层次人才均可以享受到租房补贴、购房补贴等不同程度的安居保障；政府还专门制定了相关的文件，对不同类别和水平高层次人才的子女入学和配偶就业问题予以解决。

深圳科技发展"十三五"规划中提出，下一个五年中，要积极争取推广国家自主创新示范区实行的科技人员股权奖励和个人所得税试点政策；优化人才评估激励机制，提高人才使用效率，强化科技人员创新劳动同其利益收入相对接，提高创新回报；争取国家支持推进人才开放试点，探索降低永久居留权门槛、放宽签证期限、境内医疗保险、跨境伤病员转运、个人所得税减免等政策试点；探索职业资格国际互认、外国人在华工作记点积分制度和访问学者制度，优化引才环境，集聚全球顶级人才；大力实施人才安居工程，围绕人才聚居区建设高品质生活配套设施，为人才提供舒适便捷的宜居宜业环境。

四、内源式人才培养同步推进，为创新崛起提供源头活水

培养本土人才、增强源头创新能力则关乎深圳发展能否具有持久动力。虚拟大学园、大学科技园区走廊、龙岗大学城学术交流中心、国际知识创新村、新型智库聚集基地，这一项项措施，都在为深圳创新持续发展储备力量，积蓄智力。

深圳虚拟大学园建立于1999年，是深圳市委市政府为吸引和促进国内外名校、科研院所来深圳进行科技成果转化和高层次人才培养而建立起来的创新园区。按照"一园多校、市校共建"模式，虚拟大学园把大学的智力优势与深圳的市场优势结合起来，为人才培养和科研成果转化提供了得天独厚的条件。

作为中国产学研相结合实践的先行者，从最初的10家国内高校，到现在已经有57家国内外著名高校，深圳虚拟大学园俨然成了"名校俱乐部"。其中，有内地著名院校北大、清华、同济等，也有香港大学、香港理工大学、香港浸会大学等6所香港高校，还有美国公立常春藤盟校之一的佐治亚理工学院、法国里昂中央理工大学、加拿大阿尔伯达大学等7所国外高校。

在虚拟大学园里，各大高校汇聚，人才扎堆。佐治亚理工学院与天津大学合作，在大学园里开展电子与计算机工程（ECE）硕士学位项目，并以此为开端开展科研合作、技术转让和企业孵化。香港城市大学深圳研究院、北京大学深圳研究院、深圳清华大学研究院等9所高校，共同组建了深圳海洋应用研究创新团队，建立起紧密的研发联盟。像这样的高校共建研究机构，在虚拟大学园里还有很多。据统计，到2014年年底，深圳虚拟大学园已设立207家研发机构，形成从学士到硕士、博士的学历教育培养体系。

深圳科技"十三五"规划中指出，在下一个五年，要以大学城、虚拟大学园、南方科技大学、深圳大学等高等教育机构和各类科研机构为平台，打造基础研究"苗子工程"，培养一批学科带头人和技术带头人，储备一批创新创业的后备人才，

提高深圳源头创新的能力；以高科技企业为平台，引进和培养产业创新人才，打造应用研究"苗子"工程；开展产学研用联合培养人才试点，支持企业、高校和科研院所联合培养人才；允许高校和科研院所科技成果转化收益归属研发团队所得比例不低于80%；加快培养懂技术、善经营的复合型人才，推动一大批技术型创业者向现代企业家转变。

专题五

积极发挥大企业在推进"双创"中的作用

2015年,李克强总理在政府工作报告中首次将"大众创业、万众创新(双创)"上升到国家经济发展新引擎的战略高度。近两年来,围绕"双创",国家相继出台了《深化改革加快实施创新驱动发展战略的若干意见》《关于大力推进大众创业万众创新若干政策措施的意见》等一系列指导文件,中央地方各级政府从登记、创新孵化器、风险投资、税收等多方面出台了鼓励政策,为"双创"松绑。大企业,特别是国有大企业是中国经济的中流砥柱,但也是创新创业的最重要的瓶颈所在,在大企业"双创"中,体制机制和制度创新最为重要,其次才是技术和商业模式创新。在解决中国面临的经济下行压力上,与小微企业相比,大企业的机制创新会更有效、更直接。为此,课题组深入考察调研了40家大企业,提出了如何激发我国大企业创新活力的对策建议。

第一节 我国大企业渐成"双创"的重要力量

一、大企业"双创"模式层出,影响重大

课题组对40家大企业"双创"案例调研分析发现,制造业、互联网业、电子

信息业、消费行业等重要领域的领军企业,通过积极探索"双创"路径,已初步形成一些比较成熟、具有推广价值的典型模式。一是"全要素开放创新平台"模式。江苏"材智汇"众创空间,以"计划评估+创业导师+团队整合+特色服务+基础服务(X)"为理念,打造低成本、便利化、全要素一站式综合服务平台。带着idea(想法)入驻即可无障碍完成全部创业过程。二是"产业链研发共同体"模式。潍柴动力联合60余家有研发能力的发动机产业链企业,总计5000多名工程师协同创新,打造"潍柴研发共同体",并建设"互联网+研发"协同创新平台,实现网络化运作。三是"全球性创客平台"模式。海尔HOPE平台突破自身资源边界,汇集全球顶尖高校、领军公司、创新机构、初创企业等创新单元,构建全球最大开放创新平台。目前入驻专家、创客4528名,链接技术资源超13万个,每年产生创意超6000个,以全球创客智慧,支撑海尔快速的创新节奏。四是"互联网工业生态圈"模式。中航工业"爱创客"平台,以庞大的研发、制造、配套产业链资源为基点,以大数据和云计算为支撑,以全国200多家双创载体为链接点,打造"互联网+开放创新+研发协同+智能制造"为一体的"互联网工业生态圈",有力地推动了制造业和互联网融合发展。五是"组织内部创客化变革"模式。共享装备打破公司内部结构,变公司为创业平台,变员工为自组织、自决策的创客,公司与员工的雇佣关系变为合伙关系。公司的意义不在于提供就业岗位,而是用资源优势搭建创业平台。六是"盘活闲置资源变身众创空间"模式。"创业公社"是首钢利用旧址建设的11万平方米众创空间,包含"办公空间+公寓空间+企业服务+金融服务"四大板块,围绕"基地+基金、孵化+执行、股权+债券、政策+市场",成为高品质创业生态运营商。

二、大企业"双创"平台优势突出,成效显著

一是平台辐射带动能力强。大企业覆盖产业链长,涉及区域广,可通过供应链管理、产业链金融、创新平台等模式,挖掘大企业"双创"的外溢效应,进一步发挥其在产业发展中的引领与带动效应。中航集团"航天云网"平台,上市一年入驻

企业超 12 万家，涵盖制造业各个门类，汇集"双创"项目近千项，未来五年将实现用户超千万户、经济规模达万亿元，德国工业界对此也甚为赞叹。二是平台孵化质量优。龙头企业以高质量创新条件武装创客，以一流孵化环境结出优质创新成果。腾讯众创空间入驻优质项目超 200 个，进入上市流程的高潜力公司达 11 家；海尔"双创"平台孵化着 2000 多家创客公司，年营收过亿的优质公司超 100 家。三是创客成功系数高。创客团队可以分享全流程硬件设施、得到全方位软环境服务、对接多层次资本市场、分享成熟销售渠道、获取大企业信用背书和品牌美誉，这将降低各种"外因"导致的创业失败，成功概率大幅提升。四是平台协同创新能力强。大企业占据产业链顶端，是行业标准的提供者和创新方向的引领者，动员能力和协同能力远超中小微业，可有效整合带动大中小企业协同创新。

第二节 大企业"双创"仍面临困难和挑战

一、认识存在偏差

存在两种认识上的误区：一种是忽视大企业在"双创"中所处的重要角色和地位，误将"双创"理解为仅仅是小微企业和草根创客的活动；另一种是将大企业"双创"简单理解为强化自身研发中心建设。这种理解实质是"关起门来搞创新"，没有"开放创新资源"，没有与众多创客相互结合借力，没有把企业变成创新平台。理论上讲，大企业"打破组织边界，开放创新资源"，一方面以高端科研条件武装广大创客，另一方面以众多创客之活力助力企业创新，这将大大提高资源配置效率，是创新体系的重要变革，必然提高创客成功系数和企业创新绩效。迄今，政府和各市场主体对此认识仍然不充分。

二、创客主体来源不足

一是大企业吸引高校、科研院所的人员参与"双创"仍存阻力。调查显示,尽管六成科研人员有创业意愿,但真正创业的仅占2.5%。大多对离岗存有顾虑,担心原工作岗位、职务职称晋升、待遇等难以保障。二是大企业内部技术人才"双创"路径不畅。企业内部分配形式固化,缺乏技术入股、收益提成、内部技术转移等激励机制,再加上员工岗位固定、流动不足,难以跨部门协作创新。三是大企业吸引国际高端人才参与"双创"渠道较窄。工作签证和永久居留方面缺少与国际接轨的制度安排。与国外先进孵化机构合作范围窄、程度浅、引才少。四是大企业吸引高素质的公务员参与"双创"手段有限。目前仅安徽、吉林、湖南、河北等地出台了鼓励公务员创业政策,但力度较小,成功案例不多。

三、重点领域存在短板

一是新旧产业领域大企业"双创"势头分化明显。呈现出新兴产业进展快,传统产业进展滞后,尤其是钢铁、煤炭、轻工等挑战大的行业,"双创"尚未成为打造新经济新动力的引擎。以服装业为例,红领通过"中国制造+互联网+双创"融合发展,实现了大规模个性化定制,产品通过互联网畅销全球,但这样的案例在行业里却是凤毛麟角。二是促进制造业和互联网融合的"双创"平台偏少。目前融合式"双创"在点上不断取得突破,如腾讯与富士康、和谐汽车联合创新,阿里巴巴与上汽集团联合创新,在互联网汽车方面取得进展;TCL、格力等家电巨头与乐视、小米联合创新,在互联网家电方面取得成效。但从面上看,制造业和互联网融合发展的"双创"案例仍然较少,呈现出"明星企业跑得快、一般企业走得慢"的局面。

四、政策体系不完备

一是缺少针对大企业"双创"的政策指导。一年多来,针对小微企业和草根创客的政策相对密集，而针对大企业"双创"的政策指导却屈指可数。调研时，大企业普遍反映，应尽快出台专门支持大企业"双创"的相关政策，并完善实施细则和具体支持措施。二是大企业内部管理体制改革创新是政策难点。大企业尤其是国有企业往往科层制度严整，缺乏适应创新的灵活性，如何围绕"双创"在管理方法、组织架构、具体制度上进行变革创新，现有的政策尚未涉及。三是高端科研资源开放共享缺少实施细则。大企业（也包括高校、科研院所）所拥有的国家级科研平台，均价值昂贵，管理严格，若没有一套标准化、规范化的操作细则，很难真正实现开放共享。

第三节　深入推进大企业"双创"的对策建议

一、突出大企业的关键角色和引领作用

一是鼓励大企业打破组织边界，面向创客开放资金、品牌、信息、技术、管理、文化、人力、硬件、市场渠道等创新资源，实现"优质创新资源＋活跃的创客团队"相互借力。二是开展"龙头企业双创平台建设"专项行动，为全国大企业开展"双创"做出引领示范。加强对国有企业"双创"的指导和考核。引导传统领域大企业将淘汰产能、处置僵尸企业形成的闲置场地建设成众创空间。三是鼓励大企业打造分阶段梯次"双创"孵化链。支持龙头企业建立"创客空间→孵化器→企业加速器→产业园"梯次孵化链条，实现"创意→技术""技术→产品"和"产品→产业"多级孵化。四是以大企业为依托布局面向全球的开放创新平台。总结海尔"全球性创客平台"模式经验，力争形成具有全球影响力的大型"双创"平台，汇集全球顶尖高校、创新机构、领军公司等创新单元为我所用。

二、吸引汇聚重要创客群体

一是发挥大企业优势吸引全球高端创客集聚。大企业应探索建立吸引国际创客的机制，不断加强与国外领军孵化机构合作，搭建国际化高端孵化平台。建议在全面创新改革试验区、国家自主创新示范区等创新资源密集区域，打造一批具有全球影响力的国际创客中心，汇集全球创客来华创业。二是鼓励大学和科研院所人员依托大企业"双创"平台转化研究成果。大企业应紧密跟踪大学、科研院所成果发布，设置促进科研成果转化的专门岗位，制定科研成果转化目标和具体规划，以"双创"平台吸引科研人员离岗创业，打造科研成果高效转化的基地。三是调动大企业内部技术人员"双创"积极性。完善内部众创机制，探索内部技术转化、技术收益提成等激励机制。中电科尝试智力要素参与分配，规定技术成果收益30%以上奖给团队，效果颇佳，值得借鉴。四是进一步研究创新举措，鼓励具有创新意识和组织资源的公务员投身"双创"。

三、推出重点领域大企业"双创"的支持措施

一要制定分区域、分行业的大企业"双创"政策，加快先行区域和行业成功经验推广，支持转型任务较重的区域和行业积极探索"双创"新路径新模式。二要鼓励制造龙头企业与互联网龙头企业建设融合式众创空间。制造龙头企业建设基于互联网的"双创"平台，以工业云、大数据集成应用为主攻方向；互联网企业建设面向制造业的"双创"平台，以共享数据资源和软件服务为主攻方向；制造企业与互联网企业合作建设新型融合式"双创"平台，以网络化协同制造和个性化定制为主攻方向。三要发挥大企业优势为"双创"提供基础创新要素。智能工业时代"双创"需要新的基础创新要素，迫切需要大企业为之提供"新四基"："一硬"（高性能低成本传感器）、"一软"（工业软件）、"一网"（工业互联网）、"一云"（大数据和工业云）。

四、完善大企业"双创"政策体系

一是加快研究大企业"双创"中长期目标、战略线路图与阶段政策任务，形成长期稳定的政策预期。进一步细化"双创"政策措施，对大企业和中小微企业"双创"分类指导，强化"开放创新资源、变身创新平台"的核心指导思想。二是大企业管理制度创新需要具体指引。进一步建立和完善大企业"双创"的管理机制、科技成果转化的激励机制、创新收益的分配机制。三是建立健全科研资源开放共享机制。中关村在开放科技资源方面先行先试，目前已拥有9批共计195家"中关村开放实验室"。建议深入挖掘提炼中关村经验，建立适用于大企业、科研院所及高校的科研资源共享机制，并进一步制定科技资源开放共享的标准规范和政策法规体系。

参考文献

[1] Carlota Perez. Micro-electronics, Long Waves and World Structural Change [J]. World Development, 1985 (13).

[2] Chris Freeman, Francisco Louca. As Time Goes by: from the Industrial Revolutions to the Information Revolution[M].New York: Oxford University Press, 2001: 147 -148.

[3] Rosenberg, Nathan. Exploring the Black Box: Technology, Economics, and History[M]. Londo: Cambridge University Press, 1994: 62-84.

[4] Freeman Christopher. Unemployment and Technical Innovation: A Study of Long Waves and Economic Development[M]. London: Frances Printer, 1982.

[5] Chesbrough H. Open Innovation: The New Imperative for Creating and Profiting from Technology[M].Boston: Harvard Business School Press, 2003.

[6] Ping Deng. Why Do Chinese Firms Tend to Acquire Strategic Assets in International Expansion [J]. Journal of World Business, 2009 (44): 74-84.

[7] SEN. Innovation chain and CSIR [J]. Current Science, 2003 (85).

[8] Aghion P, Howitt P. Research and Development in the Growth Process[J]. Journal of Economic Growth, 2013 (1).

[9] Lundvall B.A. National Systems of Innovation: Towards a Theory of Innovation and Interactive Learning [M]. London: Anthem Press, 2010.

[10] President E O. A Strategy for American Innovation: Driving towards Sustainable

Growth and Quality Jobs[J].Executive Office of the President，2011（26）.

［11］习近平.创新驱动"第一动力"理论体系[J].领导决策信息，2016（9）.

［12］习近平.坚定不移创新创新再创新——在中国科学院第十七次院士大会、中国工程院第十二次院士大会开幕会上发表重要讲话[EB/OL].2014.

［13］中共中央、国务院.关于深化科技体制改革加快国家创新体系建设的意见[EB/OL].2012.

［14］曹希敬，胡维佳.熊彼特及其新熊彼特主义学派关于创新——经济周期研究的述评[J].中国科技论坛，2014（11）.

［15］詹·法格博格，戴维·莫利，理查德·纳尔逊.牛津创新手册[M].柳卸林，等译.北京：知识产权出版社，2009.

［16］张茉楠.创业型经济论[M].北京：人民出版社，2009.

［17］董微微.创新模式演进过程的研究综述与展望[J].工业技术经济，2016（5）.

［18］蔡昉.如何实现L型长期中高速增长[R].北京大学国家发展研究院与澳大利亚国立大学中国经济项目合办的第65次"朗润·格政"论坛，2016.

［19］万钢.全球科技创新发展历程和竞争态势[J].行政管理改革，2016（2）.

［20］马琳，吴金希.全球创新网络相关理论回顾及研究前瞻[J].自然辩证法研究，2011（7）.

［21］黄海霞，陈劲.主要发达国家创新战略最新动态研究[J].科技进步与对策，2015（7）.

［22］张茉楠.全球新一轮产业与科技革命对中国的新挑战[J].金融与经济，2016（6）.

［23］张勋，徐建国.中国资本回报率的驱动因素[J].经济学（季刊），2016（3）.

［24］年猛，王垚.中国制造业面临"双重竞争"格局[J].中国社会科学学报，2016（8）.

［25］胡钰.增强创新驱动发展新动力[J].中国软科学，2013（11）.

[26] 张来武. 论创新驱动发展 [J]. 中国软科学, 2013（1）.

[27] 李建平, 等. 世界创新竞争力黄皮书：世界创新竞争力发展报告（2001—2012）（2012 版）[M]. 北京：社会科学文献出版社, 2013.

[28] 陈劲. 国家创新蓝皮书：中国创新发展报告（2016）[M]. 北京：社会科学文献出版社, 2017.

[29] 国家制造强国建设战略咨询委员会.《中国制造 2025》重点领域技术创新绿皮书：技术路线图（2017）[M]. 北京：电子工业出版社, 2016.

[30] 中国科学技术发展战略研究院. 国家创新指数报告（2016—2017）[R].2017.

[31] 迈克尔·波特. 国家竞争优势（上）[M]. 李明轩, 邱如美, 译. 北京：中信出版社, 2012.

[32] 中华人民共和国国家统计局.2016 年中国科技经费投入统计公报 [R].2017.

[33] 张晓强. 坚持创新驱动发展 建设世界科技强国 [J]. 全球化, 2016（8）.

[34] 魏江, 等. 创新驱动发展的总体格局、现实困境与政策走向 [J]. 中国软科学, 2015（5）.

[35] 俞宙明. 德国科研创新政策的欧洲维度 [J]. 德国研究, 2016（2）.

[36] 夏先良. 创新全球化对中国的挑战与机遇 [J]. 安徽师范大学学报, 2014（11）.

[37] 王昌林, 姜江, 盛朝迅, 等. 大国崛起与科技创新——美国、英国、德国、日本的经验和启示 [J]. 全球化, 2015（9）.

[38] 杨萍, 岳国强. 我国投资率正在走低 [J]. 调查研究建议, 2014（14）.

[39] 白重恩, 张琼. 中国的资本回报率及其影响因素分析 [J]. 世界经济, 2014（10）.

[40] 杨卫, 赵雯, 张彦, 等. 创新驱动发展的供需战略及相关思考 [J]. 中国科学基金, 2016（2）.

[41] 中国生产力学会课题组."十三五"时期实施创新驱动发展战略和建设创新型国家的战略目标和战略重点 [J]. 经济研究参考, 2015（14）.

［42］薛澜，林泽梁，梁正，等.世界战略性新兴产业的发展趋势对我国的启示[J].中国软科学，2013（5）.

［43］李毅.德国经济数字地图2011[M].北京：科学出版社，2011.

［44］李万，常静，等.创新3.0与创新生态系统[J].科学学研究，2014（12）.

［45］李喜先.中国创新战略思想十年流变[J].创新科技，2014（10）.

［46］单寅.白宫发布《创新美国新战略》九大领域引爆新增长[J].世界电信，2016（1）.

［47］张茉楠.国际创新创业发展战略新趋势及启示[J].宏观经济管理，2016（1）.

［48］陈文俊.基于R&D指标的先导性战略性新兴产业发现研究[J].财经理论与实践，2013（1）.

［49］白俊红，卞元超.中国政府R&D资助空间自相关特征研究[J].科研管理，2016（37）.

［50］德勤，美国竞争力委员会.2013全球制造业竞争力指数[R].北京：德勤华永会计师事务所，2013.

［51］中国工程院.制造强国战略研究·综合卷[M].北京：电子工业出版社，2015.

［52］彭双，顾新，吴绍波.技术创新链的结构、形成与运行[J].科技进步与对策，2012（5）.

［53］李嫒.全球科技创薪中心的内涵、特征与实现路径[J].发展研究，2015（9）.

［54］张胜，郭英远，窦勤超.新兴产业创新基地研究——基于产业链与创新链融合的视角[J].科技管理研究，2015（1）.

［55］任海峰，何颖."三链协同"创新驱动发展战略之关键途径[J].装备制造，2014（6）.

［56］苏楠，陈志.国有企业技术创新主体问题探讨[J].企业科技与发展，2016（3）.

［57］樊春良．日本科技创新政策科学的实践及启示[J]．中国科技论坛，2014（4）．

［58］周华东，王海燕，郝君超．推进科学政策的决策科学化——解读美国科学政策学建设工作[J]．科学学研究，2012（12）．

［59］施筱勇．创新驱动经济体的三大特征及其政策启示[J]．中国软科学，2015（2）．

［60］盛朝迅．"十三五"时期加快培育创新动力的思考与建议[J]．全球化，2016（6）．

［61］马振涛，林琛．创新战略实施制度框架与政策体系[J]．中国科技论坛，2016（5）．

［62］雍兰利，赵朝霞．面向创新驱动发展战略的中国创新政策重构[J]．科技进步与对策，2015（11）．

［63］涂成林．自主创新的制度安排[M]．北京：中央编译出版社，2010．

［64］Charles Edquist，等．全球化创新变迁与创新政策[M]．胡志坚，王海燕，译．北京：科学出版社，2015．